2030

「기후적응」
└시대가 온다┘

한 그루의 나무가 모여 푸른 숲을 이루듯이
청림의 책들은 삶을 풍요롭게 합니다.

2030

기후적응 시대가 온다

종말로 치닫는 인간에게 주어진 마지막 기회

김기범 지음

추수밭

지구는 인류가 구할 수 있는 것이 아니다

기후위기를 맞은 지구를 인류는 구해낼 수 있을까? 결론부터 말하자면 인류는 지구를 구할 수 없다. 지구는 위기에 처한 적이 없기 때문이다. 위기를 맞은 것은 인류이지 지구가 아니라는 얘기다.

"지구가 아파요", "지구가 죽어가요", "지구를 구해요", "지구를 살려요"처럼 지구를 의인화하는 문장들을 어느새 우리 주위에서 쉽게 볼 수 있게 됐다. 다양한 언론 매체들이 지구촌 곳곳에서 벌어지고 있는 기후재난에 대해 보도를 하다 보니 어느새 각종 기후재난 소식이 일상적인 뉴스처럼 여겨질 정도다. 그리고 이것은 한국 사회의 기후위기에 대한 인식이 매우 높아졌다는 것을 의미할 것이다. 좀 더 가깝게는 국내에서 여름철마다 집중호우로 인해 일어나는 인명과 재산 피해 소식이 우리의 기후위기에 대한 경각심을 일깨우고 있다.

그런 의미에서 지구를 의인화하는 문장들은 당연하게 여겨질 수도 있다. 이 표현들이 우리 인류와 지구의 운명을 동일시한다는 점에서는 더욱 그렇다.

예를 들어 2023년 4월 22일 '지구의 날'을 전후로 대한민국 환경부가 홍보한 캠페인은 전기차를 타거나 텀블러를 사용하는 등의 행동을 통해 "오늘도 나는 지구를 구했다"는 해시태그나 인증을 남길 것을 권유했다. 작은 행동 하나로도 '지구를 구할 수 있다'는 광고 문구에 대해 특별히 의심하거나 문제제기를 하는 사람은 거의 없을 것이다. 그밖에도 기후위기 관련 서적의 제목 중에는 '우리 인간이 아픈 지구를 구하거나 살릴 수 있다'거나 '마침내 우리는 그 답을 찾을 것이다' 같은 취지의 표현을 쓰는 경우도 있다.

이런 표현은 대체로 우리 인류가 지구를 '사람처럼' 대해야 함을 뜻한다. 물론 지구를 쓰고 내다버리는 물건처럼 대하는 것보다야 훨씬 낫겠지만, 이는 인류와 지구를 동일시하는 태도이고 인류의 멸종을 곧 지구의 멸망이라 여기는 것이기에 지극히 '인간중심적인 사고'가 반영된 표현이기도 하다.

워낙 일상적으로 쓰이는 표현이다 보니 시민들 중에는, 특히 어린이나 청소년 중에는 비유가 아니라 실제로 우리 인류가 지구의 '구원자'로 나서야 문제가 해결될 수 있다고 여기는 경우도 많다.

하지만 기후위기를 포함해 인류가 자행한 환경파괴로 인해 벌어진 '지구의 변화'들을 지구가 아프고, 죽어간다고 표현하는 게 옳은 것일까? 그보다 근본적으로, 인류가 지구를 살리거나 죽일 수 있는 것일까?

기후위기와 관련한 '인간중심적 클리셰'들

기후위기가 나날이 심각해지고 있는 21세기는 물론 그 이후에도, 플라스틱이 해양과 극지, 높은 산 정상까지 온 지구를 오염시켜도 지구는 아프거나 죽어가지 않는다. 인류를 포함해 현재 지구상에 존재하는 생물 다수가 살아가기 어려운 환경으로 변하고 있을 뿐이다.

그래서 앞에서도 언급한 "지구가 아파요", "지구가 죽어가요", "지구를 구해요", "지구를 살려요" 같은 문장들이 기후위기나 환경오염과 관련된 '인간중심적 클리셰'라는 것이다. 클리셰는 문학 작품이나 영화 등에서 사용하는 판에 박힌 문구 또는 진부한 표현을 가리키는 용어다. 2021년 넷플릭스에서 공개된 〈돈 룩 업Don't Look Up〉 같은 작품이 바로 기후위기에 대한 다양한 '인간 중심적 클리셰'들을 풍자적으로 보여주는 영화일 것이다. 어디서 본 듯한 인물과 장면들로 채워져 묘한 기시감을 풍기는 이 영화는 기후변화 등 인류가 맞은 눈앞의 문제를 '운석 충돌'이라는 소재에 비유하여 사람들이 그것에 어떻게 대응하는지 풍자하는 내용을 담고 있다. 영화는 과학자가 지구와 혜성이 곧 충돌할 것이라 예견하고 무수히 많은 사람을 만나 경고함에도 방송인, 정치인, 기업가들이 이를 무시하고 자기 이익만 챙기는 모습을 보여준다. 이는 우리의 현실과 너무나도 닮아 있어 보다 보면 우스꽝스럽지만, 이내 심각해지고 환멸감마저 느끼게 한다.

영화에서 묘사한 바와 같이 일각에서 벌어지는, 지구 환경을 보존하고 생물다양성을 유지하려 애쓰는 환경단체나 과학자들의 노력을 폄하하려는 시도에도 불구하고 전 세계 과학자들의 연구 결과는 기후위기가 실재하는 현상이며 인류를 포함한 다양한 지구 생물이 파국을 맞을 수 있음을 일관되게 가리키고 있다. 이에 대응하는 것이 선택이 아닌 필수라는 주장은 이 책의 중심 전제이기도 하다. 또한 좀처럼 달라지지 않는 전 세계 정치인들이 '기후정치'에 나서도록 끊임없이 애쓰고 있는 환경단체 활동가나 과학자들의 노력은 존경받아 마땅하다. 다만 이 같은 노력이 '인간중심적인 클리셰'에 갇힌다면 문제를 해결하기 어렵다는 점을 지적하고 싶다.

점점 빨라지는 생물들의 멸종 속도

기후위기로 인한 지구 생물다양성의 위기 상황을 드러내는 과학자들의 연구를 하나 살펴보겠다. 멕시코국립자치대학과 미국 스탠퍼드대학 공동 연구진은 2017년 7월 국제학술지인《미국국립과학원회보PNAS》에 기존 학계에서 추정했던 것보다 동물의 멸종 속도가 훨씬 빠르다는 내용의 논문을 발표했다. 지금까지 알려져 있는 척추동물의 절반가량에 해당하는 약 2만 7,600종에 관한 국제자연보전연맹IUCN의 자료를 분석한 결과 3분의 1가량의 동물 종에서 개체 수가 최대 절반까지 줄어들었다는 것이다. 또한 1900~2015년 사이 육식 포유류 177종은 개체 수가 80% 가량 감소했다. 멸종위기종으로 분류돼 있지 않은 종에서도 개체 수 감소는 우려할 만한 수준이었다. 다른 동물을 잡아먹고 사는 대형 포유류들은 생태계 변화에 따른 먹이 감소의 영향을 직격탄으로 받고 있었다.

또 2015년에는 1500년 이후 약 500년 동안 척추동물 320종 이상이 멸종했다는 연구 결과가 발표됐다. 척추동물의 멸종이 지난 세기보다 앞으로 100배 이상 빠르게 진행될 것이라는 연구 결과도 나왔다. 2016년에는 몸집이 큰 어류가 작은 것보다 먼저 사라져 해양생태계에 심각한 교란이 일어날 것이라는 보고도 있었다. 과학자들의 생물종 멸종에 관한 연구들은 점점 더 멸종 속도가 빨라지고 있으며, 그 원인은 인류의 인위적인 대응에 있다는 사실을 공통적으로 가리키고 있다.

범위를 전 지구가 아닌 한반도 생태계의 구성원들로 좁혀보면 어떨까? 한반도의 포유동물 가운데는 이미 사라졌거나 명맥만 유지하고 있는 경우도 많다. 산양, 수달, 반달가슴곰, 담비, 두꺼비, 맹꽁이, 수원청개구리, 두루미, 따오기, 황새 등 다소 친숙하게 느껴질 수 있는 동물들은 이미 멸종한 뒤 복원 중이거나 심각한 멸종 위기를 맞고 있다. 이들이 모두 기후위기만으로 위기에 처한 것은 아니지만 기후위기가 매우 부정적인 영향을 미치고 있음은 분명한 사실이다. 여기서 언급한 과학적 연구 결과들과 한반도에서 벌어지고 있는 멸종의 행렬은 기후위기와 멸종 속도 가속화에 관한 연구 중 극히 일부일 뿐이다.

인류만 살아남으려는 안일한 생각

하지만 이러한 과학적 사실들과 상관없이, 현재 인류의 기후 위기 대응은 인류가 지구에서 좀 더 오래 살아남기 위한 행동일 뿐이다. 극단적인 경우를 상상해보자. 인류가 살아남기 위해 다른 모든 생물종의 미래를 포기해야 한다면, 그래도 인류는 살아남아야 할까? 지구 환경이 완전히 달라지고 대부분의 동식물이 멸종을 맞지만, 인류의 선택 여하에 따라 우리 자신만은 살아남을 수 있는 상황이라면 어떻게 하는 것이 바람직할까? 반대로 인류만 사라지고 다른 대부분의 생물종은 지금처럼 지구상에서 무리 없이 살아갈 수 있다면 어떨까?

이제는 고전 SF영화가 된 워쇼스키 자매 감독의 3부작 영화 〈매트릭스The Matrix〉는 이러한 상상과 비슷한 설정에서 출발한다. 고도의 인공지능을 갖춘 기계 집단과 전쟁을 벌이다 패배한 인류는 태양광 발전을 동력원으로 삼는 기계들에게 치명타를 가하기 위해 지구를 태양빛으로부터 차단한다. 짙은 색깔의 인공화학물질이 뿌려진 지구는 태양의 은총을 받지 못하게 되면서 죽음의 행성이 된다. 그렇게 발버둥을 쳤음에도 기계들에게 패해 AI의 새로운 동력원으로 전락하는 것이 〈매트릭스〉 속 인류가 맞이한 디스토피아다. 인류를 제외한 생명체 대부분의 운명을 벼랑 끝으로 내몰면서까지 생존하려 한 인류라는 종의 추악하고도 비참한 실체가 영화에 담겨 있다.

비슷한 사례로 봉준호 감독의 SF영화 〈설국열차Snowpiercer〉를 들 수 있다. 이 영화에는 지나치게 가열된 지구의 기온을 낮추기 위해 지구 대기 전반에 인공화학물질을 뿌린 결과 예상치 못한 부작용이 일어나면서 빙하기가 찾아온다는 설정이 담겨 있다. 이로 인해 극히 일부의 인류만 살아남고, 대부분의 동식물이 사라졌다는 것이 영화의 주된 배경이다.

두 영화의 공통점은 인류가 어설프게 지구 전체 환경에 손을 대는 바람에 지구 생태계가 인류는 물론 대부분의 생물종이 살아가기 힘들 정도로 망가졌다는 것에 있다. 이처럼 인위적으로 지구 전반의 환경을 바꾸려는 시도를 '지구공학geoengineering'이라 부른다. 지구 환경에 관해 인류가 매우 잘 대응하고 있다고 생각하는, 지극히 편의적이고 인간중심적인 관점이라 할 수 있다.

지구공학의 일례로 탄소 포집·활용·저장CCUS, Carbon Capture·Utilization·Storage 등의 과학기술을 통해 현재의 기후위기를 인류가 해결할 수 있다고 믿는 이들도 있다. 사실 〈매트릭스〉나 〈설국열차〉 속 과학기술 수준에도 한참 미치지 못하는 현재의 기술력으로 지구공학을 논하는 것은 조금 우스꽝스럽기도 하다. 이 같은 시도들은 경제적 이익을 쌓고자 지구를 파괴해온 인류가 자신의 과오는 돌아보지도 않으면서 과학기술로 그 대가를 무마하려는, 비도덕적이고 이기적인 행태일 뿐이다.

지구 역사에서 대멸종이 일어난 이유

앞서 언급한 대로 기후위기와 환경 훼손 등 인위적인 요인들로 인해 지구 생물종들의 멸종 속도는 점점 더 빨라지고 있다. 이로 인해 일부에서는 인류가 '여섯 번째 대멸종'을 앞당기고 있다는 우려의 목소리도 나온다.

대멸종Great Dying이란 지구에서 생명체가 태어나 진화하는 과정에서 발생한 다섯 번의 대량 멸종을 가리키는 말이다. 46억 년의 지구 역사 가운데 대멸종이 일어났던 때의 멸종률은 시기마다 다르지만 무려 70~96%에 달한다. 달리 말하면 대멸종 시기마다 지구상에 존재하는 다양한 생물종 가운데 4~30% 정도를 제외한 생물종이 완전히 사라졌다는 것이다. 우리가 화석을 통해 확인할 수 있는 과거의 생물종은 멸종한 생물종의 극히 일부에 불과할 수 있다.

첫 번째 대멸종은 4억 5,000만~4억 4,000만 년 전인 고생대 오르도비스기이고, 가장 최근인 다섯 번째 대멸종은 약 6,600만 년 전인 중생대 백악기에 벌어졌다. 백악기의 대멸종은 공룡을 지구상에서 사라지게 만든 사태로, 이때 공룡뿐 아니라 지구 생물의 약 75%가 완전히 사라졌다. 이 같은 점을 들어 일각에서는 1억 년 이상 지구의 지배적인 종으로 군림한 공룡과 인류를 비교하면서 우리 자신을 더 비판적으로 바라보기도 한다. 등장 이후 불과 수백만 년도 안 되어서 자신들의 존속을 스스로 위협하는 것도 모자라 지구 전반의 생태계까지 위협하는 인류에 비해, 공룡들은 훨씬 더 오랜 기간 진화하고 번영했다는 얘기다.

과학자들은 대멸종 가운데서도 약 2억 5,200만 년 전인 고생대 페름기 말기의 멸종이 가장 극심한 피해를 입힌 것으로 보고 있다. 이 시기에 살아남아 후손을 남긴 종은 단 4%로, 나머지 96%의 생물종은 지구에서 사라지고 말았다. 페름기 대멸종이 지구 사상 최대의 멸종 사건이라 불리는 이유다.

이 페름기 대멸종이 기후위기와 관련해 자주 언급되는 이유는 당시 벌어졌던 지구온난화 현상이 현재 지구에서 벌어지는 기후변화와 비슷한 점이 많기 때문이다. 페름기 말기, 지구상의 초대륙 판게아에서는 화산 활동과 지진 활동이 활발하게 이뤄졌다. 판게아는 현재의 대륙들이 하나의 커다란 대륙을 이루고 있을 때를 지칭한다. 대륙이동설을 주창한 독일의 지구물리학자 알프레트 베게너Alfred Wegener가 붙인 이름이다.

현재의 시베리아에 해당하는 지역의 화산에서 나온 온실가스는 지구 평균온도를 급격히 상승시켰다. 약 100만 년 동안 지속된 분화를 통해 100만~400만km³에 달하는 용암이 지상에 흘러나왔고 그 결과 당시 지구의 생물들은 파국을 맞이했다. 해수면 온도는 약 40도, 대기 중의 온도는 약 50~60도까지 치솟았을 것으로 추정된다. 과학자들은 이 시기가 지구 역사상 가장 더운 때였을 것이라고 보고 있다.

기온이 올라가고 온실가스 농도가 늘어나면서 대기와 해양의 산소 농도는 점점 낮아졌다. 모든 생명체의 생명 활동에 필수적인 요소인 산소가 부족해지자 고생대 바다에 서식했던 대표 생물인 삼엽충, 방추충 등은 멸종하고 말았다. 지상에서도 많은 곤충류가 사라졌다. 이때의 대멸종으로 인해 지구는 육지와 바다에 동식물이 가득했던 이전 시기와 비교하면 사실상 '텅 빈' 상태가 되고 말았다. 과학자들은 지구 전체 역사로 보면 잠시 동안이기는 하지만, 대멸종 이후 새로운 종의 진화도 발생하지 않았던 것으로 추정하고 있다. 새로운 종이 나타나지 않는 시기를 의미하는 '생명의 사각지대Dead Zone'가 약 500만 년 동안 이어졌다는 것이다.

지구의 주역은 바뀌어도 지구 역사는 계속된다

책의 서두에서 페름기 대멸종에 대해 설명하는 데에는 '지구 평균온도 상승'이라는 점에서 현재의 기후위기 상황에 시사점을 준다는 것 외에 다른 까닭이 있다. 바로 이 대멸종이 시기별 지구의 주역을 바꾸는 역할을 했다는 점이다.

약 3억 년 전부터 2억 5,200만 년 전까지 이어진 페름기는 선캄브리아대, 고생대, 중생대, 신생대로 이어지는 지질시대 가운데 고생대의 마지막 시기로 이첩기二疊紀라고도 부른다. 바다에서는 삼엽충, 산호, 원생동물인 방추충이 번성했고, 지상에서는 양치식물과 원시 파충류들이 먹이사슬을 이뤘던 시기로 추정된다. 원생동물은 짚신벌레처럼 스스로 운동할 수 있는 단세포동물을 말한다. 진화 단계에서 가장 초창기의 동물로 추정된다.

페름기가 끝나고 공룡이 번성하기 시작한 중생대의 첫 시기인 트라이아스기(삼첩기三疊紀)가 이어진다. 대멸종 시기에 살아남았던 원시 파충류들이 공룡으로 진화하면서 중생대의 주역이 될 기회를 잡았다. 중생대 내내 공룡들을 피해 다니기 바빴던 포유류의 조상이 중생대 말 공룡들의 멸종 이후 신생대의 주역으로 떠오른 것과 비슷한 과정인 셈이다.

고생대와 중생대에 벌어졌던 지구의 주역 교체가 신생대

제4기의 마지막 시기인 홀로세Holocene(현세 또는 충적세라고도 부른다) 직후에 벌어지지 말라는 법은 없을 것이다. 즉 인류로 인해 가까운 시일 내에―가깝다고는 해도 수천 년 후가 될지, 수만 년 후가 될지, 또는 수천만 년 후가 될지는 아무도 모르지만―여섯 번째 대멸종이 현실화되면서 70~90%의 생물종이 사라지고, 인류라는 종 역시 멸종하거나 극히 일부만 살아남는다 해도, 지구의 주역 즉 지배적인 종이 바뀔 뿐 지구라는 행성 자체는 그와 상관없이 유지될 것이다. 그리고 또다시 긴 세월이 지나면, 즉 수천만 년에서 수억 년이 지나면 언제 대멸종이 일어났었느냐는 듯 다시 새로운 생물종들이 번성하고 살아갈 것이다.

　여기서 주의할 부분은 편의상 사용한 '지구의 주역' 역시 인간 중심적인 표현이긴 마찬가지라는 점이다. 지구 전역에 서식하고, 인간보다 많은 개체 수를 자랑하며, 인간보다 먼저 지구에 출현한 개미, 또는 개미보다 더 작은 미생물들이야말로 어쩌면 진정한 지구의 주역일지 모른다.

기후변화 대응은 인류를 지키기 위한 행동일 뿐

　다시 한번 결론을 말하자면 인류의 기후위기 대응은 지구가 아닌 인류 자신을 위한 행동이자 우리를 살리기 위한 행동일 뿐 지구를 위한 것도, 지구를 구하는 것도 아니다. 지구는 약 50억 년 뒤 태양이 수명을 다해가면서 적색거성이 되어 수성과 금성, 지구 등 가까운 행성들을 흡수할 때까지 유지될 것이다. 지구의 진정한 위기는 태양에 흡수될 때에나 찾아올 것이라는 얘기다. 그렇게 긴 시간 동안 대멸종 역시 여러 차례 반복될 것인데, 인류가 명맥을 유지하는 기간은 지구 전체의 역사와 비교하면 매우 짧을 것이다.

"지구를 구해요"나 "지구를 살려요" 같은 인간중심적 클리셰들이 조금이나마 정확한 의미를 담은 문장이 되려면 몇 마디가 더 붙어야 한다. "인류의 생존을 위해" 또는 "인류의 지속가능성을 높이기 위해" 같은 단어들 말이다. 그리고 이 단어들은 지구에 일어나고 있는 변화에 대해 우리 인류가 왜 긴급하게, 그리고 지금까지 해온 것보다 훨씬 더 강도 높게 대응해야 하는지를 보다 직접적으로 알려준다. 지금 당장 획기적인 대응을 하지 않는다면 우리 인류도 지난 46억 년의 지구 역사에서 등불이 켜지고 꺼지듯이 등장하고 사라졌던 숱한 생물종들처럼 역사의 뒤안길로 사라지고 말 것이다. 인간은 지구를 위해 스스로 '슈퍼히어로' 가 될 것이 아니라, 절체절명의 위기를 살아내야 한다는 심정으로 우리 자신의 변화를 도모해야 한다.

인류의 기후위기 대응에는 크게 두 가지 방향이 있다. 첫째, 더 이상의 온도 상승을 막기 위한 전 세계적인 공조 체제를 마련하고 온실가스를 줄이기 위한 획기적인 변화를 추진하는 것. 둘째, 이미 온도가 올라간 상황에서 근미래에 닥쳐올 기후재난에 대비하기 위한 '적응 정책'을 펼치는 것. 이 책은 2015년 파리 기후변화협약을 포함해 인류가 지금껏 노력을 기울여온 첫 번째 방향의 대응이 성공적이었는지 살펴본 뒤, 현재 세계 곳곳에서 펼쳐지고 있는 두 번째 방향의 대응책을 점검한다. 폭염, 해수면 상승, 전염병 발발 등 지금껏 우리가 마주해온 각종 기후재난의 형태를 실감 나게 소개하면서도, 우리가 왜 이러한 일들을 겪게 되었는지 역사적으로 검토하고, 그동안 다른 책에서는 크게 조명받지 못했던 기후적응 정책의 실태를 우리의 현실에 맞게 풀어내고자 한다.

이 책에서 앞으로 설명하고 제시하는 내용들은 인류와 지구의 생물들이 어떤 위기 상황을 맞고 있는지, 인류의 현재 대응이 어느 정도 수준에 와 있는지, 더 나은 미래를 위해 지금 우리가 준비해야 할 실질적인 방안은 무엇인지 등을 가늠하기 위한 최소한의 준거점이 될 것이다.

인류가 지구를 구할 수 있을까?
자신을 위해 다른 모든 생물종을 희생시켜온
인류가 기후변화의 끝에서 맞이할
미래는 과연 어떤 모습일까?

차례

프롤로그 지구는 인류가 구할 수 있는 것이 아니다   **004**

1부   지금 우리는 어떤 상황인가

1장   인류 운명의 묵시록   026
사그라질 기미 없이 계속되는 경고 | 국제기구 IPCC의 예측보다 더 심각한 시나리오 | 파국을 막기에는 이미 늦었을지 모른다

2장   기후변화가 바꿀 우리의 미래   040
기후변화를 일으키는 주범 | 기후변화의 미래에 관한 다양한 시나리오

3장   더 빠르게 다가온 '1.5도 상승'의 시기   046
낙관적이었던 전망이 끔찍한 파국으로 | 숫자로 들여다보는 인류의 범죄 | 매년 더 빠르고 가파르게 상승하는 온도

4장   화석연료로부터 전환을 도모하다   057
새롭게 열린 기후변화협약의 성과 | 산유국이 당사국총회 개최국이라는 아이러니

5장   지구상의 모든 것이 사라지고 있다   063
가장 강력한 기후변화의 증거 | 우리도 모르는 사이에 일어나는 멸종 | '거대한 가속'을 따라잡기 위한 연구들 | 장기적 생태 연구가 미비한 한국의 현실 | 기후변화에 대비하기 위한 구상나무 연구 | 인간, 기후변화의 명백한 원인

6장   미래 세대에게 '야만'을 물려줄 것인가   080
'생태계 학살'에 가까운 개발의 연속 | 언제까지 멸종위기종을 업데이트할 것인가 | 제인 구달이 보여준 작은 희망

2부 지구와 인간의 병적 증상

7장   코로나19는 인간의 경각심을 일깨웠을까   090

멸종위기 동물의 수는 회복될 수 있을까 | 인간은 지구의 '암덩어리'에 불과할까? | 인간을 포기하지 않고 고쳐 써야 하는 이유

8장   인간의 동물 관리는 과연 안전할까   101

인수공통감염병이 갈수록 늘어나는 이유 | '살인진드기'와 '조류독감'의 위협 | 무분별한 천산갑 살육이 끼친 영향 | 밀렵으로 끊임없이 죽어나가는 동물들 | 동물들과의 접촉을 관리해야 하는 이유

9장   제2의 팬데믹이 찾아온다   115

조류독감은 인간의 문제다 | 새로운 팬데믹이 일어날 가능성

10장   사라지는 꿀벌도 기후변화 탓일까   119

꿀벌 실종의 엄청나게 복잡한 원인? | 인간이 아닌 기후변화에 책임 떠넘기기

11장   숨죽이고 있는 미세플라스틱 폭탄   125

기후변화와 미세플라스틱의 관계 | 수돗물, 생수, 바다에 녹아 있는 미세플라스틱 | 우리의 작은 활동이 미세플라스틱을 내뿜는다 | 미세플라스틱의 치명적 독성과 영향

12장   폭발 직전까지 다가온 영구동토층   140

얼음과 눈이 녹아내리면 일어나는 현상 | 걷잡을 수 없이 지구 전체가 뜨거워진다

3부 피할 수 없다면 적응하라

13장 호모 클리마투스의 탄생   148

인류는 기후변화에 어떻게 적응해왔나 | 기후변화를 맞이한 한반도의 현실 | 기후적응에 실패한 동식물들의 최후

14장 기후적응에 성공한 호모 사피엔스   155

역사상 가장 거대한 화산 폭발 | 온화한 기후를 찾아 이주하는 인간 | 기후변화는 어떻게 인간을 자극했나

15장 재난 수준의 더위를 견디는 법   164

전 세계적으로 뜨거워지는 여름 | 열사병과 전쟁을 벌이는 나라들 | 한국은 폭염에 어떻게 대응하고 있는가 | 제대로 활용되지 못하는 무더위쉼터들

16장 위기이자 기회가 될 해수면 상승   176

인간의 상상을 뛰어넘는 자연재해 | 바닷물 침수로 생겨난 갯벌의 기적 | 섬나라들을 보호해야 하는 이유

17장 '기후적응 농업'은 성공하고 있는가   184

한국인에게 사랑받던 '수미감자'의 위기 | 수미감자가 퇴출당하는 이유 | 감자와 함께 퇴출당한 기후적응 농산물들

18장 메트로폴리탄 뉴욕의 녹색도시 정책   193

여름을 시원하게 하는 뉴욕의 옥상정원 | 기후재난을 막는 녹색의 땅

4부 이미 닥쳐온 파국 앞에서

19장   뜨거워진 지구에서 누가 살아남을까   202

2030년까지 우리에게 남은 시간 | 고온다습한 날씨 속에서 살아갈 미래 세대

20장   한국이라는 '기후빌런'이 온다   209

매년 기후위기 대응에서 최하위권을 기록하는 나라 | 다른 나라들에 걱정을 끼치는
나라

21장   몽골의 기침이 한국으로 전파된다   215

몽골의 모래폭풍이 한국의 모래바람으로 | 끝없는 설경이 거대한 사막으로 | 몽골의
기후변화가 한국에 미치는 영향

22장   더욱 깊어진 북극곰의 절망   223

기후위기를 상징하는 장면 | 동족을 잡아먹는 비극 | 흔히 볼 수 있는 새들마저 사라
진다

23장   기후변화는 '미지와의 조우'까지 막을 것인가   231

과학자들이 따져본 외계 문명의 수 | 기후변화 정도로 따져본 외계인을 만날 가능성

에필로그 아직 희망은 있다   238

1부

지금 우리는
어떤 상황인가

1장

인류 운명의
묵시록

사그라질 기미 없이 계속되는 경고

"제2차 세계대전 당시의 긴급동원과 같은 규모의 전 지구적 동원이 필요하다."

"2050년 전에 전 세계 주요 도시의 대부분은 생존이 불가능한 장소로 변한다."

"수십억 명의 인구가 사는 해안 지역이 거주가 불가능한 땅으로 변할 것이다."

읽어보기만 해도 두려워지는 이 경고들은 2019년 호주 국립 기후복원센터가 펴낸 〈실존적인 기후 관련 안보 위기: 시나리오적 접근〉(이하 〈호주 보고서〉)에 담겨 있다. 인류가 지금처럼 온실가스를 마구 뿜어내는 상황이 이어지면 기후변화와 관련된 여러 요소들이 임계점을 넘어서고, 연쇄 효과를 일으키면서 전 지구적인 파국이 예상보다 훨씬 빨리 다가올 것이라는 이 묵시록적인 보고서는 코로나19 팬데믹 이전 많은 이에게 충격을 안겨줬다.

하지만 〈호주 보고서〉와 같은 충격적인 묵시록이 너무 많이 나오고 있어서인지, 아니면 코로나19 팬데믹이 안겨준 충격이 너무 커서 기후위기에 대한 경각심이 사그라든 것인지 모르겠지만 인류는 이 같은 경고들을 귀담아 듣고 있지 않는 듯하다.

이를 증명하듯 온실가스 배출량은 줄어들기는커녕 점점 더 늘어나고 있다. 사실 온실가스 배출량은 코로나19 팬데믹이 인류 사회 전체를 휩쓰는 동안 아주 잠시 주춤했을 뿐이다. 중·장기적인 증가 추세는 달라지지 않고 있다.

국제 연구 단체인 세계 탄소 프로젝트Global Carbon Project가 2023년 12월 5일 발표한 〈2023년 세계 탄소 예산 보고서〉에는 2023년 화석 연료 사용으로 배출된 온실가스가 2022년을 넘어 '사상 최고치'를 기록한 것으로 나타났다는 내용이 들어 있다. 화석 연료 사용으로 인한 세계의 온실가스 배출량은 2022년보다 1.1% 증가했고, 인간 활동으로 인한 총 온실가스 배출량은 409억t으로 분석됐다.

덕분에 지구 대기 중 이산화탄소 농도 역시 매년 최고치를 경신하고 있다. 기상청이 2023년 6월에 발간한 〈2022 지구 대기 감시 보고서〉에 의하면 충남 태안군 안면도 기후변화감시소의 이산화탄소 배경농도는 계속 증가해 2022년 관측 이래 최고치인 425.0ppm을 기록했다. 2021년보다 1.9ppm 늘어난 수치다. 미국해양대기청NOAA이 측정한 2022년 전 지구 평균 이산화탄소 배경농도도 417.06ppm으로 2021년 대비 2.13ppm 증가하며 역대 최고 농도를 기록했다. 이산화탄소뿐 아니라 메탄 등 다른 온실가스들도 농도가 역대 '최고'를 기록했다.

425.0ppm, 417.06ppm 같은 농도가 어느 정도로 심각한 것인지 감이 잘 안 올 수도 있을 것이다. 불과 10~20년 전의 지구 이산화탄소 농도가 400ppm을 넘지 않았다는 것을 고려하면 얼마나 빠르게 이산화탄소 농도가 증가 중인지 짐작할 수 있다. 그래서 과학자들과 환경단체 활동가들은 한때 400ppm이라는 이산화탄소 농도를 기후위기의 심리적 마지노선처럼 여긴 적도 있다. 이 농도를 넘어서면 돌이키기 어려울 수도 있다는 위기감 때문이었을 것이다. 그러나 반성하지 않는 인류로 인해 지구 대기 중의 이산화탄소 농도는 400ppm을 훌쩍 넘어버렸다.

더 심각한 문제는 인류가 지금 당장 온실가스 배출을 멈추더라도 이미 배출된 온실가스의 영향이 사라지지 않는다는 점이다. 그리고 그 영향이 어떤 연쇄 효과를 불러일으킬지에 대해 인류는 제대로 알지 못한다는 것이다. 과학자들이 내놓고 있는 예상 시나리오 대부분은 매우 보수적인 관점에서 작성되었기 때문에, 실제로 다가올 위험성을 분명하게 경고하지 못할지도 모른다.

국제기구 IPCC의 예측보다 더 심각한 시나리오

〈호주 보고서〉에서는 인류가 지금까지 예상해온 것보다 위험한 상황이 더 빨리 찾아올 수도 있음을 경고한다. 기후변화로 인한 영향을 다룬 숱한 연구 결과 가운데 〈호주 보고서〉가 주목받았던 이유는 "기후 정책을 결정하기 위해 생산된 여러 과학적 지식은 보수적이고 조심스럽다"고 평가하면서 현실로 다가올 수 있는 가장 높은 수준의 위기를 그려냈기 때문이다. 결론적으로 〈호주 보고서〉는 "위기를 줄이거나 피하기 위해, 즉 인류 문명을 지속하기 위해서는 탄소가 배출되지 않는 산업 시스템을 아주 빠르게 구축하는 것이 중요하며, 여기에는 전쟁 시기의 대응수준에 준하는 전 지구적인 자원 동원이 요구된다"고 주장한다.

여기서 주목해야 하는 표현은 '전시 동원'이다. 평화로운 시기에는 복지나 문화 등 다른 사회 영역에 배분되던 자원(인적 자원을 포함)이 전쟁 시기에는 모두 전쟁의 도구로 사용되는 것처럼, 기후위기 역시 전시와 비슷한 위기 상황임을 직시하고 전 인류의 역량과 자원을 집중해야 한다는 얘기다. 미국 뉴욕시가 곧 시행 예정인 기후동원법CMA, Climate Mobilization Act의 '동원mobilization'도 비슷한 의미를 담고 있다.

〈호주 보고서〉는 이처럼 다소 과격해 보이는 전망을 내놓으면서 "기후 과학자들은 지나칠 정도로 '최소한의 드라마'를 고수하는 듯하다. 이 문제는 특히 '기후변화에 관한 정부 간 협의체IPCC, Intergovernmental Panel on Climate Change'의 작업에서도 이어진다"고 비판한다. IPCC는 세계 각국의 기후 관련 정책 결정자, 즉 정부 공무원들과 기후 분야 과학자들이 모여 전 세계에서 생산된 기후위기 관련 정보를 취합하고, 앞으로의 영향을 예측하는 기구다. 이처럼 중요한 역할을 맡고 있는 IPCC에 대해 〈호주 보고서〉는 "중요한 기후 과정들이 포함돼 있기는 하지만 복합적인 극단적 사건들과 돌발적이거나 돌이킬 수 없는 변화들에 기여하는 과정은 포함돼 있지 않다"고 지적했다. 더불어 "IPCC의 보고서들은 세부적이고, 수량화되며, 복잡한 모형화의 결과를 제시하지만, 보다 심각하고 비선형적인 시스템 변화의 가능성들에 대해서는

간략하게만 언급돼 있다"는 한계도 지적했다. 요약하자면 IPCC
라는 거대한 기구가 미래에 일어날 기후재난의 심각성에 대해
분명하게 경고하지 못한다는 얘기다.

예를 들어 IPCC의 2014년 〈제5차 평가 종합보고서〉는 2100년
쯤 지구 해수면이 0.55~0.82m 상승한다는 내용이 담겨 있다. 하
지만 〈호주 보고서〉는 이 같은 예측이 지나치게 안이하다고 평
가한다. 다른 보고서들 가운데 미국 국방부의 시나리오에는 같
은 시기에 2m가 상승한다는 예측이 포함돼 있고, 더 극단적인
시나리오에는 2.5m가 상승한다고 쓰여 있다.

실제로 최근 공개되는 시나리오들은 더욱 암울한 예측을 내놓
고 있다. 2023년 12월 초 아랍에미리트 두바이에서 열린 제28차
UN기후변화협약 당사국총회(COP28)에서 비영리 기후단체 클라
이밋 센트럴Climate Central이 공개한 전 세계 도시의 수몰 이미지가
그 사례다. 이 단체는 기후변화로 인한 해수면 상승 예측 결과와
지역별 고도 등을 종합해 지구 지표면 평균온도(이하 지구 평균온
도) 상승폭에 따라 달라지는 각 도시의 모습을 컴퓨터 그래픽으
로 구현했다. 클라이밋 센트럴은 인류가 탄소 배출량을 급격히
줄여 전 지구 평균온도 상승폭을 산업화 이전 대비 1.5도 이내로
제한했을 때 각 도시의 모습은 지금과 큰 차이가 없을 것으로 내
다봤다. 하지만 전 지구 평균온도 상승폭이 3도에 달했을 때 상

승한 해수면은 많은 도시를 집어삼킬 것으로 예상했다. 안타깝게도 3도 상승폭은 이번 세기말 인류가 맞이할 수 있는 미래 가운데 비교적 밝은 미래, 장밋빛 전망에 속하는 편이다. 실제 다른 여러 시나리오에서는 더 큰 온도 상승과 그로 인해 발생할 엄청난 변화들을 예측하고 있다.

이 시뮬레이션에서 2024년 현재 높이 828미터로 세계에서 가장 높은 빌딩인 두바이 부르즈 할리파는 사막 가운데가 아닌 물 위에 솟아 있게 될 것으로 예상했다. 중국 광저우의 높은 빌딩들은 모두 수몰되고, 일본 후쿠오카는 도시 전체가 물에 잠길 것으로 예측했다. 또한 미국 수도 워싱턴과 쿠바의 아바나 역시 물에 잠길 것이다. 영국 런던의 차도와 인도는 수로가 되고, 바다와 가까운 세계 곳곳의 명소들도 물에 잠길 것이다.

클라이밋 센트럴은 중국, 인도, 베트남, 인도네시아 등 아시아 국가들을 해수면 상승의 위험이 큰 국가들로 꼽았다. 한국은 이 단체가 공개한 수몰 이미지에 포함되지 않았지만, 국내 주요 도시들이 모두 해안에서 가깝다는 것을 인지해야 한다. 부산이나 울산, 동해안의 강릉, 속초 등은 물론 한강 하구가 멀지 않은 서울 역시 해수면의 급격한 상승이 현실화될 때 도시의 상당 부분이 물에 잠길 수도 있는 것이다. 서울에 사는 많은 이들은 서울이 바다와 가깝다고 생각하지 못하는데, 한강 하구, 즉 한강과 서해

지구 평균온도 상승폭에 따라 달라질 두바이 부르즈 할리파 모습.
(왼쪽)1.5도 상승 시, (오른쪽)3도 상승 시 ⓒClimate Central

가 만나는 지점은 서울과 지근거리라 할 수 있다.

　이미 해안가나 저지대 도시, 소규모 섬나라는 해수면 상승으로 인해 생존의 위협을 받고 있는 경우가 많다. 클라이밋 센트럴에 따르면 현재 약 3억 8,500만 명이 범람 위험이 높은 지역에 살고 있으며, 전 지구 평균온도가 3도 상승할 경우 세계 인구의 약 10%(8억 명)가 거주하는 지역이 수몰될 것으로 예상된다.

　〈호주 보고서〉는 또 21세기 말 지구 평균온도 상승폭이 4~5도에 달하는 상황뿐 아니라 그보다 더 낮은 수준에서도, 즉 2~3도 사이의 상승폭 역시 지구 대부분 지역 사람들에게 큰 위협이 될 것이라는 경고를 담고 있다. 이 보고서가 2050년쯤 대부분 인류가 파국을 맞을 것이라 우려하는 이유도, 그때에는 산업혁명 이전과 대비해 지구 평균온도가 3도 이상 상승할 것이라 예측하기 때문이다.

파국을 막기에는 이미 늦었을지 모른다

　〈호주 보고서〉가 지적하는 또다른 중요한 내용은 기존 기후변화 시나리오들이 기후변화와 관련된 여러 요소들의 임계점tipping point을 너무 높게 평가하면서, 임계점을 넘어서는 시기를 너무 먼 미래로 상정하고 있다는 점이다. 임계점이란 물리학에서 물질의 구조와 성질이 다른 상태로 바뀔 때의 온도와 압력 등을 말하는데, 〈호주 보고서〉에서는 돌이킬 수 없는 변화가 일어나는 시기라는 의미를 포함해 이 용어를 사용하고 있다.

〈호주 보고서〉는 특히 '찜통지구Hothouse Earth'에 진입하는 문턱이 사실 2도보다 낮은 수치일지도 모른다는 우려에 대해 중점적으로 설명하고 있다. 찜통지구란 인류가 온실가스를 배출하지 않더라도 지구가 스스로 온실가스를 배출해 기후변화를 증폭시키는 상태를 의미한다. 즉 찜통지구에 진입하는 임계점이 2도 미만일 수도 있다는 얘기다.

찜통지구 시나리오가 실현된다면, 다시 말해 현재까지 일어난 기후변화와 그 과정에서 일어난 연쇄 효과와 상호작용으로 인해 더 이상 지구의 기후 시스템이 이전처럼 건강한 상태로 돌아가지 못한다면 인류는 파국을 막기가 어려워진다. 인류가 이미 배출한 온실가스가 그대로 대기 중에 남아 인류를 위협하는 상황이 되는 셈이다. 즉 인류가 당장 탄소중립을 이루고, 탄소 흡수원을 늘려도 추가적인 온난화를 막지 못할 수도 있다는 것이다. 탄소중립이란 대기 중 온실가스 농도의 증가를 막기 위해 인간 활동에 따른 배출량은 줄이고, 흡수원인 나무 등을 늘려 '배출량-흡수량'이 0이 되도록 해야 한다는 개념이다. 한국은 2050년 탄소중립을 이루는 것을 목표로 삼고 있다. 하지만 〈호주 보고서〉가 우려하는 대로라면 2050년 탄소중립국가가 되어도 이미 늦은 것일 수 있다.

그런데 더욱 두려운 점은 인류가 극지방의 빙하가 녹는 현상과 해수면의 상승, 영구동토가 녹고 지하의 메탄이 유출되는 등 다양한 기후변화와 관련된 현상 각각에 대해서는 어느 정도 알고 있지만, 이들 현상의 연쇄 효과에 대해서는 충분히 알지 못한다는 점이다. 각각의 임계점에 대해서만 연구가 이루어질 뿐, 이같은 현상들이 연쇄적인 반응을 일으켜 서로 영향을 미치면서 가속화되는 시나리오가 어떻게 구체적으로 현실화될지 가늠하기란 쉽지 않은 상황이다.

그렇다면 〈호주 보고서〉에 담긴 구체적인 '종말의 묵시록'이란 어떤 내용일까? 〈호주 보고서〉는 2020~2030년 세계 각국이 기온 상승폭 2도를 넘어서기까지 배출할 수 있는 탄소가 남아 있음을 전제로 하여 아무런 조치도 취하지 않고, 전시 상황에 준하는 대응이 필요하다는 의견을 무시할 경우를 가정한다.

인류의 탄소 배출량은 2030년쯤 정점에 이른다. 그 결과로 2050년쯤 기온 상승폭은 3.5~4도에 달하게 된다. 인류가 만들어 낸 기온 상승폭은 2.4도였지만, 지구 자체의 시스템이 변화를 맞으면서 상승한 기온이 0.6도 이상에 달한 결과다.

이때 인류는 기온 상승폭을 1.5도로 제한하자던 과거 정책 입안자와 과학자, 국제기구의 목표가 얼마나 어리석은 것이었는지 깨닫게 된다. 기온이 1.5도 더 상승하기 전에 이미 남극의 서쪽 빙하와 북극해의 여름은 임계점을 넘어섰기 때문이다. 또 2도까지 상승하기 전 그린란드 빙하 역시 임계점을 넘어섰다. 기온 상승폭이 2.5도에 다다르자 지구 북반구 고위도 지역의 넓은 영구동토가 유실되었고, 아마존의 열대우림에서는 대규모 가뭄과 나무 고사 사태가 발생한다. 모두 인류가 예측한 것보다 더 빠르게 일어난 파괴적 변화이다.

특히 '찜통지구' 시나리오가 현실화된 상황에서도 인류의 온실가스 배출은 중단되지 않았기 때문에 지구는 인류가 예측했던 온난화 수준 이상의 상태를 향해 변화한다. 해수면 상승폭은 2050년 0.5m, 2100년 2~3m에 달할 것이라는 비관적 전망이 나온다. 인류 전체의 55%가 거주하는 지구 육지의 35% 정도는 더 이상 인간이 거주하기 힘든 지역이 된다. 인간 생존이 불가능한 수준의 태양빛이 1년 중 20일 이상 내리쬐기 때문이다.

지구 지표면의 30% 이상에서는 극심한 건조지대화 현상이 발생한다. 남아프리카, 지중해 남부, 서아시아, 중동, 호주 내륙, 미국 남서부 전역 등에서는 극심한 사막화가 일어난다. 2도 상승폭의 온난화로도 10억 명 이상이 집을 잃고 떠돌게 되고, 인류

문명은 종말에 이를 가능성이 높아진다.

10억 명이 기후난민이 된다는 것은 인류 사회의 상당 부분이 현재와 같은 상태를 유지하기 힘들어질 것이라는 사실을 의미한다. 기후난민이란 극심한 기후재난이 빈발하면서 원래 살던 지역 내에서 더 이상 생존하기 어려운 지경에 처한 이들이 고향을 떠나 자국 내 또는 다른 나라를 떠돌게 되는 경우를 말한다.

지구가 기후위기의 영향을 지금보다 더 극심하게 받게 될 가까운 미래에 10억 명이라는 인구가 난민이 된다면 인류는 이를 감당할 수 있을까? 동남아시아 국가들에 기후 파국이 찾아왔을 때 대한민국이 좀 더 나은 상황이라면 수백만 명 단위의 동남아시아 주민들이 '보트 피플'이 되어 한반도로 찾아올지 모른다. 그때 우리는 그들을 감당할 수 있을까? 처음 찾아온 수백 명, 수천 명에게는 인도적인 손길을 보낼 수 있을 것이다. 하지만 그 수가 수만, 수십만이 된다면 정부는 더 이상 한반도에 진입하지 못하도록 해안선을 봉쇄하는 등의 비인도적인 조치를 취할지도 모른다. 2018년 불과 549명의 예민 난민이 난민 신청을 했을 때조차 한국 사회에서는 각종 논란이 빚어졌다. 더 나은 삶을 위해 북아프리카에서 배를 타고 출발한 중동·아프리카의 난민들이 목적지인 스페인이나 이탈리아 등까지 가지 못하고, 지중해에서 안타깝게 사망한 사례는 국제뉴스에서 쉽게 볼 수 있다. 수십 명 정도가 탈 수 있는 배에 수백 명이 탑승한 뒤 항해를 하다 침몰하는 참사가 동남아시아와 한반도 사이의 바다에서 일어나지 말라는 법은 어디에도 없다. 10억 명이란 숫자는 인류 전체의 '몇 분의 1'이라고 치부해버릴 만한 숫자가 아닌 것이다.

〈호주 보고서〉와 관련된 이야기는 이것이 끝이 아니다. 이 보고서가 나온 지 3년이 지난 2022년 호주 국립기후복원센터가 내놓은 새로운 보고서에는 좀 더 절망스러운 내용이 담겨 있다. 인류가 지난 몇 년 간 보인 행태는 〈호주 보고서〉에서 경고하고 강권한 "제2차 세계대전 때의 전시상황에 준하는 자원을 동원한" 기후변화 대응과는 거리가 멀기 때문이다.

**지금 기후위기 대응에 있어
전시와 맞먹는 수준으로 준비하지 않는다면
우리는 미래에 더 큰 전쟁을 치러야 할 것이다.**

2장

기후변화가 바꿀
우리의 미래

기후변화를 일으키는 주범

기후변화는 왜 일어나는 것일까? 과거 지구상에 다섯 차례의 대멸종을 일으킨 기후변화는 대형 화산 폭발, 운석 충돌 등 자연적으로 발생한 것이었지만, 현재 지구에서 벌어지고 있는 변화는 인위적인 요인이 작용한 것이라는 차이점이 있다.

IPCC는 2014년 〈제5차 평가 종합보고서〉에서 인간이 지구의 기후 시스템에 심각한 영향을 미치고 있으며, 인류가 배출하고 있는 온실가스의 양은 관측 이래 최고 수준이라고 밝혔다. 2023년

3월 IPCC 제58차 총회에서 만장일치로 승인된 〈제6차 평가 종합보고서〉의 작성 및 검토에는 전 세계 과학자 1,000여 명과 195개 회원국 정부 대표단이 참여했다. 이 종합보고서는 인류의 기후변화에 대한 지식과 분석을 총망라한 것이나 다름없기에 기후변화에 대한 예측이나 분석 등에 다양하게 활용되고 있다.

온실가스 중에서도 인간의 산업 시스템이 만들어낸 이산화탄소는 가장 많은 비중을 차지한다. 과학자들은 이산화탄소의 대기 중 농도를 통해 과거, 현재, 미래의 기후변화 정도를 가늠하기도 한다. 과거에는 대기 중 이산화탄소 농도 400ppm이 기후변화의 마지노선처럼 여겨졌지만, 이미 2014년에 지구의 이산화탄소 농도는 이 수치를 넘어섰다. 세계기상기구WMO가 발표한 내용에 따르면 2022년 기준 대기 중 이산화탄소 농도는 417.9ppm을 기록했다. 이는 전년인 2021년보다 2.2ppm 증가한 것이자, 산업혁명 이전인 1750년 지구 이산화탄소 농도의 150%에 이르는 수준이다. 산업혁명 이전에 비해 이산화탄소 농도가 50% 더 많아진 것은 이때가 처음이었다. 그밖에도 메탄, 아산화질소, 수소불화탄소, 과불화탄소, 육불화황 등 6종이 심각한 영향을 끼치는 온실가스로 꼽힌다.

기후변화의 미래에 관한 다양한 시나리오

과학자들은 미래에 벌어질 기후변화 정도에 관한 시나리오를 여럿 만들어놓았다. 대표적인 것이 IPCC가 〈제5차 평가 종합보고서〉에서 공개한 대표농도경로RCP, Representative Concentration Pathways 시나리오다. RCP는 인류의 온실가스 배출 정도에 따라 21세기 말까지 기후변화의 양상을 예측한 내용이다.

크게 네 가지로 나뉘는 이 시나리오는 인간 활동이 대기에 미치는 복사량을 통해 미래 온실가스 농도를 산정한 것이다. '대표Representative'라는 표현은 하나의 복사강제력RF, Radiative Forcing(인위적으로 대기 중 온실가스나 에어로졸이 증가한 경우 지구 대기의 에너지 균형이 얼마나 변화하는지 정량화하기 위한 개념. 쉽게 말해 온실가스로 인해 추가적으로 지구에 흡수되는 에너지양을 의미한다)에 관한 사회 · 경제 시나리오가 다양하게 나올 수 있다는 의미에서 사용되었다. 또 '경로Pathways'라는 표현은 온실가스 배출 시나리오의 시간에 따른 변화를 강조하기 위한 의미를 담고 있다.

이 시나리오는 총 4종(RCP 8.5 · 6.0 · 4.5 · 2.6)으로 나뉘는데 각각의 숫자는 복사강제력을 의미한다.

① RCP 8.5: 현재 추세대로(저감 없이) 인류가 온실가스를 배

출하는 경우다. 이 시나리오에서 2100년 대기 중 이산화탄소 농도는 940ppm이 된다. 2022년 이산화탄소 농도가 417.9ppm 정도였으니 2배 넘게 온실가스가 급증하는 셈이다. 인류의 생존을 보장할 수 없는 것은 물론 많은 동식물들이 멸종하게 되는 상태다.

② RCP 6.0: 온실가스 감축 정책이 어느 정도 실현된 경우로, 이 시나리오에서 2100년 이산화탄소 농도는 670ppm이 된다.

③ RCP 4.5: 온실가스 감축 정책이 상당수 실현된 경우로, 이 시나리오에서 2100년 이산화탄소 농도는 540ppm이 된다.

④ RCP 2.6: 인류가 즉시 온실가스 감축을 수행하는 경우다. 이 시나리오에서 2100년 이산화탄소 농도는 2022년 수치와 비슷한 420ppm이다.

RCP 2.6은 실현 가능성이 거의 없는 시나리오다. RCP 4.5의 실현 가능성 역시 현재로서는 점점 낮아지고 있다. 현재 인류가 온실가스를 배출하는 수준을 보면 RCP 6.0과 RCP 8.5 시나리오의 중간 어딘가에서 실제 미래를 맞이할 확률이 높다.

IPCC는 이어 〈제6차 평가 종합보고서〉부터는 공통사회경제경로SSP, Shared Socioeconomic Pathways라는 새 시나리오를 사용하고 있다.

SSP 시나리오는 RCP 시나리오에 보다 구체적인 사회적·경제적 요소를 고려해 넣어, 기후변화에 대한 인류의 완화 및 적응 노력에 따라 어떤 사회를 맞이할지에 관한 내용을 포함했다. 이 시나리오에서 고려한 요소들로는 인구통계, 경제발달, 복지, 생태계 요소, 자원, 제도, 기술발달, 사회적 인자, 정책 등이 있다.

① SSP1-2.6: 재생에너지 기술 발달로 화석연료 사용이 최소화되고, 친환경적으로 지속 가능한 경제성장을 이룰 것으로 가정하는 경우다. 가장 바람직한 미래상이다.

② SSP2-4.5: 기후변화 완화 및 사회·경제 발전 정도를 중간 단계로 가정하는 경우다.

③ SSP3-7.0: 기후변화 완화 정책에 소극적이며 기술개발이 늦어 기후변화에 취약한 사회구조가 된다고 가정하는 경우다.

④ SSP5-8.5: 산업기술의 빠른 발전에 중심을 두어 화석연료 사용률이 높고 도시 위주의 무분별한 개발이 확대될 것으로 가정하는 경우다.

현재로서는 SSP3-7.0과 SSP5-8.5 사이가 인류가 겪어야 할 미래상이 될 가능성이 높아 보인다.

사실 인류는 미래를 잘 내다보지 못한다. 몇 초 후에 벌어질 일도 정확히 예상하지 못하는 일이 다반사다. 아직까지 '예언'은 과학의 영역 밖에 있다고 보는 것이 맞다. 하지만 '예측'은 과학적으로 가능한 경우도 있다. 짧게는 날씨, 길게는 기후변화가 그 예측의 대상 중 하나다. 과학자들은 우리가 스스로 선택할 수 있도록 인류에게 닥쳐올 미래를 다양한 시나리오로 예측해놓았다. 그럼에도 인류는 최악의 선택지를 향해 달려가고 있는 듯하다. 멀리서 빠른 속도로 달려오는 자동차는 피하는 것이 당연한 것처럼, 미래에 어떤 위험이 닥쳐올지 충분히 예측할 수 있다면 그에 맞추어 과감한 변화를 모색해야 한다.

**과학자들의 예측은 이미 끝났고,
시나리오는 제출돼 있다.
이제 우리의 선택이 남아 있을 뿐이다.**

3장

더 빠르게 다가온
'1.5도 상승'의 시기

낙관적이었던 전망이 끔찍한 파국으로

2015년 프랑스 파리에서 열렸던 UN기후변화협약 당사국총회(COP21)는 지구의 변화에 관심이 많은 과학자나 환경단체 활동가는 물론 대부분의 시민이 기후변화나 기후위기라는 단어에 익숙해지는 계기가 되었다. 당시 총회에서 당사국들이 '1.5도 상승폭 제한 목표'에 합의하자 국내외 주요 언론들은 일제히 '화석연료 시대의 종말'이라는 낙관적 전망을 담은 기사를 쏟아냈다. 인류 역사상 가장 중요한 회의였다는 평가까지 나왔다.

하지만 파리 기후변화협약 당사국총회로부터 9년이 지난 2024년 현재, 인류는 당시 선언했던 '화석연료의 종말'로 가는 길을 닦기는커녕 기후 파국으로 가는 길을 앞당기고 있다. 2023년 3월 발표한 IPCC의 〈제6차 평가 종합보고서〉에는 각국 정부가 진행 중인 온실가스 감축 계획을 모두 실행하더라도 2040년이 되기 전에 전 지구 평균온도가 산업화 이전 대비 1.5도 올라갈 것이라는 내용이 담겨 있다. 2015년 파리 기후변화협약에서 인류는 이번 세기 말까지 전 지구 평균온도 상승폭을 1.5도로 제한하기로 목표를 세웠다. 그러나 〈제6차 평가 종합보고서〉의 내용처럼 2040년에 이미 1.5도를 넘어선다는 것은, 기존 온실가스로 인해 발생한 온난화 효과는 물론이고 앞으로 발생할 효과도 반드시 막아야 한다는 것을 의미한다. 그러지 못하고 온실가스로 인한 온난화가 계속된다면 1.5도가 아닌 그 이상의 온도 상승을 맞이할 것이라는 게 과학자들의 주장이다.

기후위기 대응의 '마지노선'이라 불리는 1.5도가 얼마나 큰 차이를 가져올지에 대해 궁금한 이들도 있을 것이다. 1.5도라는 숫자는 작아 보이지만 지구 전체 지표면 온도의 평균치라고 생각하면, 그리고 산업혁명 이후 지구 전체의 평균온도가 어느 정도 올랐는지를 살펴보면 1.5도가 작지 않은 수치임을 조금이나마 짐작할 수 있을 것이다.

2014년 IPCC가 발표한 〈제5차 평가 종합보고서〉에 따르면 지구 평균온도는 1880년을 기준으로 2012년에는 0.85도 올랐다. 1.5도의 약 56.67%에 해당하는 수치다. 이는 이듬해인 2015년 파리에서 세운 1.5도라는 목표를 달성하려면 이번 세기 말까지 0.65도 이상 지구 평균온도가 올라가지 않도록 노력해야 함을 의미한다.

하지만 인류는 지난 10여 년 동안 기후위기에 대응하기 위한 노력을 충분히 기울이지 않았다. 그 결과 1.5도라는 지구 평균온도 상승폭이 앞으로 몇 년 안에 현실화될 것이라는 예측이 유력해지고 있다. 2023년 5월 WMO는 2027년이 오기 전에 산업화 이전 대비 지구 평균온도 상승폭이 1.5도를 넘어설 가능성이 66%에 달한다고 발표했다. 상승폭을 1.5도로 제한하는 것에 실패하는 일이 몇 년 안에 벌어질 수 있다는 얘기다. 국제사회는 이에 따라 1.5도를 넘어선 온도 상승폭을 이후의 탄소 배출량 감축을 통해 다시 낮추겠다는 구상을 하고 있는데, 실현 가능성이 불투명할뿐더러 현실을 회피하고 미래 세대에게 과제를 떠넘긴다는 점에서 비도덕적이고 무책임하다는 평가를 받고 있다.

전 세계 온실가스 순배출량 전망

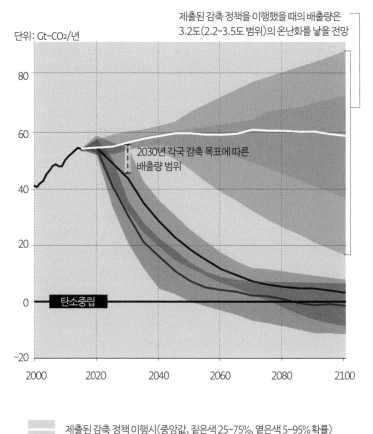

제출된 감축 정책을 이행했을 때의 배출량은 3.2도(2.2~3.5도 범위)의 온난화를 낳을 전망

단위: Gt-CO₂/년

2030년 각국 감축 목표에 따른 배출량 범위

탄소중립

제출된 감축 정책 이행시(중앙값, 짙은색 25~75%, 옅은색 5~95% 확률)

온도상승 2도 제한(67% 확률)

온도상승 1.5도 제한(50% 확률)

과거 배출량(2000~2015년)

자료: IPCC의 〈제6차 평가 종합보고서〉

숫자로 들여다보는 인류의 범죄

인류의 암울한 운명이 담긴 〈제6차 평가 종합보고서〉는 6차 평가주기(2015~2023년)에 발간된 특별보고서와 평가보고서의 핵심 내용을 기반으로 기후변화의 과학적 근거, 영향 및 적응, 완화에 대한 종합적인 정보가 담겨 있다. 세계 각국 정부가 한 줄 한 줄 검토한 합의문으로 기후변화 분야 예상 시나리오 가운데 가장 공신력이 높을 수밖에 없다. 안토니우 구테흐스António Guterres UN 사무총장은 IPCC가 발표한 보고서에 대해 "기후 시한폭탄을 완화하는 방법을 안내하는 내용이자 인류를 위한 생존 지침"이라고 설명했다. 덧붙여 "인류는 살얼음판 위에 있고, 그 얼음은 빠르게 녹아내리고 있다. 기후 시한폭탄이 똑딱거리고 있다"며 "1.5도 제한을 달성하려면 대대적이고 신속한 노력이 필요하다"고 말했다.

IPCC는 특히 지구 평균온도 상승폭을 1.5도 아래로 낮추려면 2023년을 기준으로 약 7년 안에 온실가스 감축량을 현재의 절반 가까이로 줄여야 하지만, 인류가 뿜어내는 온실가스의 양은 날로 증가하고 있다는 점의 심각성을 강조했다. 산업화 이후 2023년까지 인간의 온실가스 배출은 이미 지구 온도를 1.09도 상승시켰고, 이는 앞서 2014년에 발표한 〈제5차 평가 종합보고서〉의 상승폭인 0.85도에서 0.24도가 더 오른 수치이다. 또 2100년까지 예상되는 지구 평균온도 상승폭은 2014년 보고서에서는 시나리오별로 '1.0~3.7도'였는데 2023년 보고서에서는 '1.4~4.4도'로 커졌다.

〈제6차 평가 종합보고서〉에는 이산화탄소의 대기 중 농도가 지난 200만 년에 비해 최고 수준이라는 내용도 담겨 있다. 또한 '1.5도 제한'을 위해 2030년까지 온실가스 배출량을 대폭 줄여야 하지만, 세계 각국이 세운 감축 목표로는 달성할 수 없다고 진단했다. 인위적 탄소 배출량은 2014년 2,040Gt(기가톤)에서 2023년 2,400Gt으로 증가했다. 연간 탄소 배출량은 2010년 기준 $49\pm4.5GtCO_2eq$(전체 온실가스를 이산화탄소로 환산한 양)에서 2019년 기준 $59\pm6.6GtCO_2eq$로 가파른 상승세를 보였다.

이 같은 기후변화 관련 지표들은 국제적인 온실가스 감축 노력에도 불구하고 온실가스 배출량은 가파르게 상승하고 있으며 기후변화의 정도는 더 커질 것이란 점을 명확하게 보여준다. 보고서는 이로 인해 온난화가 심화되면서 거의 모든 시나리오에서 가까운 미래(2021~2040년)에 온도 상승폭이 1.5도에 도달할 것이라 예측했다고 경고했다. 1.5도 제한 목표 달성을 위해 인류에게 앞으로 허용된 탄소 배출량은 500Gt뿐이다. 지구 평균온도 상승 제한폭을 2도로 늘린다고 해도 탄소 배출 허용량은 1,150Gt에 불과하다. 2019년 배출량을 기준으로 보면 최소 8년에서 최대 23년 안에 채울 수 있는 양이다.

보고서는 2030년까지 2019년 대비 온실가스 배출량을 43% 감축해야 한다고 밝혔다. 2도로 범위를 넓힌다 해도 27%를 감축해야 한다. 그런데 이는 현재 세계 각국이 UN에 제출한 자발적 감축목표NDC를 모두 달성하더라도 불가능하다. 현재 추세라면 2030년 전 세계의 탄소 배출량은 2019년보다 2Gt 정도 줄어든 57Gt 정도라고 예상한다.

보고서는 또 인류가 지표면 온도 상승을 제한하는 데 성공하더라도 해수면 상승, 남극 빙산 붕괴, 생물 다양성 손실 등의 일부 변화는 불가피하리라 전망했다. 1.5도 제한 목표를 달성해도 지구가 기후변화 이전으로 돌아가거나 회복되는 것은 아니라는 얘기다.

보고서는 더 이상의 온난화를 막으려면 이산화탄소를 포함한 전체 온실가스의 배출이 2040년까지 '넷제로' 상태를 이뤄야 한다고 강조했다. 넷제로는 온실가스 순배출량이 '0'인 상태로, 나무 심기나 배출권 구매 등을 통해 탄소 배출량과 감축량의 균형을 맞추는 '탄소중립'과 달리, 실질적으로 배출량을 줄이는 경우만 인정한다.

보고서는 1.5도나 2도 제한 시나리오를 달성하기 위해서는 온실가스 저감을 위한 연 평균 투자비가 현재보다 3~6배 늘어나야 한다고 제시했다. 선진국과 개발도상국, 저개발국의 온실가스 배출에 관한 책임이 다르다는 것도 분명히 했다. 1인당 온실가스 배출량이 가장 높은 상위 10% 가구는 34~45%의 소비 기반 온실가스를 배출했지만, 하위 50%는 13~15%의 소비 기반 온실가스를 배출했다는 것이다. 이는 한국 시민들을 포함해 지구 북반구의 선진국에 사는 이들의 기후위기에 대한 책임이 개발도상국이나 저개발국 시민들에 비해 월등히 크다는 것을 의미한다.

매년 더 빠르고 가파르게 상승하는 온도

최근 몇 년 사이 연말연시가 되면 국제기구나 기상청 등의 기관들이 발표하는 내용이 있다. "지난해가 역사상 가장 더운 해였다"는 분석이다. 해마다 기록이 경신되다 보니 이 소식을 듣는 시민들도 심드렁하게 받아들일 정도가 되었다. 기후변화에 대해 지나친 공포를 느끼고 불안감으로 인해 일상생활이 어려워지는 것도 문제지만, 기후변화의 결과물에 대해 무감각해지는 것 역시 심각한 현상 중 하나다.

2024년 1월에도 WMO는 2023년이 역사상 가장 더운 해였다는 분석을 발표했다. 이 발표에는 그동안 과학자, 환경단체 등이 기후변화의 마지노선으로 여겨온 지구 평균온도 상승폭인 1.5도에 거의 육박했다는 내용도 포함됐다. 2024년에도 지구 평균온도는 더 상승할 것이라는 예상이 포함된 것을 보면, 2025년 초에도 WMO는 같은 내용을 발표할 확률이 높아 보인다.

WMO 분석에 따르면 2023년 지구 연평균온도는 산업화 이전 수준(1850~1900년)과 대비해 1.45도(±0.12도 오차) 상승한 것으로 나타났다. 이는 미국 국립해양대기청NOAA, 미국 항공우주국 NASA의 고다드 우주연구소NASA GISS 등 6개 기관의 전 세계 해양 네트워크 관측 및 선박·부표의 기후 데이터를 기반으로 분석한 수치로, 국제사회가 협약한 지구 평균온도 상승폭 제한 목표인 1.5도와 0.05도밖에 차이가 나지 않는다. 그동안 지구 월평균온도 상승폭은 1.5도를 넘어선 경우가 있었지만, 연평균 수치는 넘어선 적이 없었다.

WMO는 2023~2027년 지구 지표면의 연평균온도가 적어도 1년 이상 동안 산업화 이전 수준 대비 1.5도 이상 높아질 가능성이 66%에 달한다고 예측했다. 다만 파리 기후변화협약에 명시된 1.5도 수준을 영구적으로 초과할 것이라는 의미는 아니라고 덧붙였다. 2015년에는 1.5도를 일시적으로 초과할 가능성이 0에 가까웠지만 그 이후 꾸준히 상승했으며, 2017~2021년에는 10%

가량이 되었다.

WMO는 또 2023년에는 온난화 기록들이 전반적으로 경신되었으며, 해수면 온도는 연중 대부분 이례적으로 높게 나타났다고 설명했다. 해양 폭염 현상도 잇따랐다. 남극의 해빙 면적은 여름인 2월과 겨울인 9월 모두 기록상 가장 작은 수치를 기록했다. 또한 세계 곳곳에서 극한 더위로 인한 산불이 빈발했으며, 극한 강우와 홍수 등이 인명 피해와 막대한 경제적 손실을 입힌 해로 기록됐다.

WMO는 2024년이 2023년보다 더 더운 해가 될 것이라는 전망도 내놓았다. 특히 2023년 하반기의 지구 온도 상승에는 엘니뇨로 인한 온난화의 영향이 반영되었다고 설명했다. 스페인어로 '아기 예수'라는 의미인 엘니뇨는 적도 부근 동태평양의 '엘니뇨 감시구역' 해수면 온도가 평년보다 0.5도 이상 높은 상태가 5개월 이상 지속하는 현상을 말한다. 엘니뇨가 언제까지 지속되느냐에 따라 2024년 전 지구 평균온도가 다시 한번 사상 최고 기록을 갈아치울 가능성도 있다는 것이다.

WMO가 내놓은 발표와 보도자료에는 구테흐스 UN 사무총장의 말이 담겨 있었다. 그의 말에는 아직 희망이 있다는 의미와 매우 절망스러운 상황이라는 의미가 동시에 담겨 있다. 다음에 옮겨놓은 구테흐스 사무총장의 말을 어느 쪽에 더 비중을 두어 해석할지는 사람마다 다를 것이다. 그리고 이 말에 포함된 희망과 절망을 나누는 근거는 결국 인류의 실천 가능성에 달려 있을 것이다.

우리는 여전히 최악의 기후재앙을 피할 수 있지만, 이는 우리가 지구 온도 상승폭을 1.5도로 제한하고, 기후정의를 실현하기 위해 필요한 목표를 가지고 즉시 행동할 때에만 가능하다.

2100년, 2050년, 2030년….
해를 거듭할수록 카운트다운이 빨라지고,
이제 1.5도 상승을 막기까지 6년 남았다.

4장

화석연료로부터
전환을 도모하다

새롭게 열린 기후변화협약의 성과

앞장에서 살펴본 것처럼 기후변화협약 당사국총회(이하 당사국총회)는 세계 각국 정부의 대표단과 시민단체, 전문가 등이 모여 기후위기에 대해 인류가 어떻게 대응해야 할지를 살펴보고 결정하는 중요한 회의다. 국제협약 등의 당사국총회를 영어로는 'Conference of the Parties'라고 하며, 이를 줄여 COP라고 쓴다. 그리고 여기에 제1차, 제2차 등의 순서를 붙여서 COP1, COP2라고 부른다. 제1차 당사국총회, 즉 COP1은 1995년 독일

베를린에서 개최됐다.

당사국총회는 매년 11~12월에 2주간 열리는데 대륙별로 돌아가면서 개최국을 정한다. 가장 최근에는 아랍에미리트 수도 두바이에서 제28차 당사국총회(COP28)가 열렸다. 막대한 양의 원유를 생산하는 나라에서 당사국총회가 열린 것은 아랍에미리트가 처음이었다.

앞서 '1.5도'라는 숫자를 전 지구 지표면 평균온도 상승폭의 제한 목표로 내세워 매우 중요한 회의로 인정받은 파리 기후변화협약과 버금갈 정도로 중요한 내용이 COP28 회의 마지막 날 최종 합의문에 포함됐다. 당사국총회에 참석한 국가들은 앞으로 '화석연료로부터 멀어지는 전환transitioning away from fossil fuels'을 추진하기로 합의한 것이다. 애초에는 유럽연합과 해수면 상승으로 나라가 가라앉고 있는 태평양 등의 섬나라를 비롯한 많은 나라가 '화석연료 퇴출'이라는 내용을 합의문에 넣으려 했지만, 산유국들의 반대에 부딪혀 '화석연료로부터 멀어지는 전환'이라는 완곡한 표현이 채택된 것이다.

당사국총회 개최국인 아랍에미리트 등의 입김으로 화석연료에 대한 내용이 빠진 합의문 초안이 공개됐다가 큰 반발을 사는 등 우여곡절이 많았지만, '화석연료로부터 멀어지는 전환'을 추진하겠다는 참가국들의 합의는 반가운 결과라 할 수 있다. 무엇보다 베를린에서 열린 COP1 이후 28년 만인 2023년 당사국들이 만장일치로 이뤄낸 성과라는 점 또한 중요하다. 화석연료로부터의 전환을 "중요한 이번 7년 동안(2030년까지) 가속화"해야 한다며 구체적인 시기까지 명시한 부분에 대해서는 인류가 화석연료 퇴출로 향해야 한다는 방향성과 당위성을 분명히 했다고 볼 수 있다.

산유국이 당사국총회 개최국이라는 아이러니

산유국이 석유를 비롯한 화석연료를 퇴출시키려는 당사국총회를 개최한다는 것에 대해 의문을 제기하는 이들이 많을 것이다. 특히 중동의 산유국들에게 석유는 국가 경제의 가장 중요한 요소이기 때문이다.

산유국들이 당사국총회 개최국이 되는 것에 대해 국제환경단체들은 당사국총회마저 산유국과 다국적 기업들의 '그린워싱 Green Washing'의 장이 되었다고 비판하기도 한다. 그린워싱이란 민간 기업에서 홍보 수단으로 친환경 이미지를 내세우면서 실질적으로는 친환경과 거리가 먼 활동을 벌이는 '위장 환경주의' 또는 '환경 위장술'을 의미한다. 환경오염의 주범이라는 전력으로 인해 큰 손해를 보았던 기업들이 이미지를 세탁하고자 이런 전략을 쓰는 경우가 많다.

반대로 산유국들이 기후변화협약에 관심을 갖게 하여 전 세계적인 탄소 감축에 동참하도록 유도하는 것은 큰 의미가 있다는 관점도 있다. 산유국들을 기후위기 대응에 참여시키지 않으면서 기후위기의 위협으로부터 인류를 구하는 것은 불가능에 가깝다. 어떻게든 산유국들이 당사국총회라는 테두리 안에서 활동하도록 해야 한다는 의견이 공감을 얻는 이유다.

하지만 2023년 아랍에미리트뿐 아니라 그 앞뒤로도 잇따라 산유국이 당사국총회를 개최하면서 의장국을 맡는 것은 지나치다는 의견도 있다. 앞서 2022년 당사국총회(COP27)는 이집트 수도 카이로에서 열렸는데, 이집트는 대부분 중동과 아프리카 국가들로 이뤄진 석유수출국기구OPEC에 포함돼 있지는 않지만 버젓한 산유국이다.

또 2024년 말에는 아제르바이잔 수도 바쿠에서 제29차 당사국총회(COP29)가 열리는데, 아제르바이잔은 석유와 가스가 국내총생산GDP의 절반가량을 차지하고, 수출 물량에서는 무려 92.5%(2022년)를 차지하는 산유국이다. 아제르바이잔 역시 OPEC 회원국은 아니지만 'OPEC+' 가입국이다. OPEC+는 OPEC 회원국은 아니지만, 세계적으로는 주요 산유국으로 꼽히는 국가들의 연대체다.

　문제는 아제르바이잔이 끝이 아니라는 점이다. 2025년, 즉 제 30차 당사국총회(COP30)는 브라질에서 열리는데 브라질 역시 산유국 중 하나다. 이렇게 되면 당사국총회는 2022년 이집트, 2023년 아랍에미리트, 2024년 아제르바이잔에 이어 4년 연속 산유국에서 열리는 것이고, 이는 역사상 처음 있는 일이다. 특히 2024년 초부터 2025년 말까지 만 2년에 조금 못 미치는 이 기간 은 인류의 기후위기 대응에서 매우 중요한 시기가 될 것으로 예 상된다. 그렇기 때문에 산유국들의 입김이 계속해서 기후변화협 약 당사국총회에 강하게 반영되는 것에 대해 여러 우려를 표하 는 것이다.

　해외 언론들은 2023년 당사국총회 이후 2년 동안의 당사국 총회가 '화석연료로부터 멀어지는 전환'을 어떻게 해나갈지를 결정하는 중요한 회의가 될 것이라는 전망을 내놓고 있다. 영국 공영방송 BBC는 2024년 아제르바이잔에서 열리는 COP29와 2025년 브라질에서 열리는 COP30이 전 세계적인 기후변화 대 응의 방향 설정에 매우 중요한 역할을 할 것이라고 보도했다. 2025년에는 기후변화협약 가입국들이 과거보다 강화된 국가별 온실가스 감축계획을 UN에 제출해야 한다. 이에 따라 브라질에 서 당사국총회가 열리는 2025년 말, 브라질 대통령이 화석연료를 영원히 퇴출시키는 내용을 선언할 수 있다는 긍정적인 전망도 나온다. 반면 COP28에서 합의된 '화석연료로부터 멀어지는 전환'의 성공 여부는 앞으로 몇 년 동안 세계가 실행할 변화에 따라 결정될 것이라며 우려 섞인 예측을 내놓는 이들도 있다. 한국을 포함한 전 세계가 2025년 말까지 어떤 식으로 기후위기에 대응하는지에 주목해야 하는 이유다.

**선진국과 산유국들이 먼저
화석연료를 끊어내는 데서
모두를 살리는 길이 열릴 것이다.**

5장

지구상의 모든 것이
사라지고 있다

가장 강력한 기후변화의 증거

불과 10여 년 전까지만 해도 기후변화가 실제로 존재하는 현상인지, 거대한 사기극이거나 꾸며낸 말들이 아닌지 의심하는 이들이 많았다. 대표적인 이가 미국 전 대통령 도널드 트럼프다. 하지만 지난 수십 년간 과학자들의 연구 결과가 쌓이면서 기후변화 자체를 의심하는 시선은 극히 드물어졌다. 음모론을 신봉하는 사람들이 완전히 없어진 것은 아니지만 국제적으로, 또 사회적으로 의미 있는 목소리를 낼만큼은 아닌 것 같다.

특히 과학자 집단이 기후변화를 의심하지 않는다는 점은 국제학술지에 쏟아져 나오는 논문들만 봐도 알 수 있다. 일일이 세기 어려울 정도로 매일같이 기후변화에 관한 논문들이 발표되고 있다. 기후변화는 이미 '학계의 정설'이 된 지 오래다.

물론 과학에는 불확실성이라는 것이 따라붙기 마련이다. 기후변화가 사실이 아닐 가능성이 매우 낮긴 하지만, '0'은 아니라는 얘기다. 그럼에도 인류는 기후변화에 대응하지 않거나 손을 놓고 있어서는 안 된다. 아주 먼 미래에 기후변화가 인류의 착각이었음이 밝혀진다 하더라도 지금 우리는 기후변화가 사실이라는 가정하에 움직여야 한다. 그것이 곧 인류의 지속 가능성을 조금이나마 높이는 길이기 때문이다.

그렇다면 과학자들이 내놓는 기후변화의 증거에는 어떤 내용이 포함돼 있을까? 가장 직접적인 증거는 생물종의 급격한 감소다. 인위적 요인으로 인해 수많은 동식물들이 멸종의 길을 걷고 있으며, 그 속도는 점점 더 빨라지고 있다.

2024년 2월 12일 UN환경계획UNEP 산하 이동성야생동물보호협약CMS, Convention on the Conservation of Migratory Species of Wild Animals은 우즈베키스탄 사마르칸트에서 제14차 당사국총회를 열고 〈이동성 야생동물의 세계 현황〉 보고서를 발표했다. 보고서의 핵심 내용은 이동성 야생동물 중 44%가량의 개체 수가 감소하고 있다는 것이다. 이동성 야생동물이란 철새나 고래처럼 나라와 나라, 대륙과 대륙을 오가는, 이동 범위가 넓은 동물을 말한다.

보고서에는 이 협약에 등록된 1,189종 중 260종(22%)이 멸종위기에 처했다는 내용이 포함돼 있다. 또 520종(44%)은 개체 수가 감소하고 있는 것으로 추산했다. 분류군별로 가장 심각한 상태에 처한 것은 어류였다. 이동성 어류의 약 97%가 멸종위기를 맞고 있다는 것이다. 이동성 파충류의 멸종위기 비율도 70%에 달한다.

물론 이동성 동물만이 위기를 맞은 것은 아니다. 기후변화를 포함한 인위적인 요인으로 멸종 속도가 가속화되면서 지구상에서 영원히 사라지는 생물은 빠르게 늘어나고 있다. 인류가 그 존재를 알아차린 생물뿐 아니라 알 수 없는 생물들 역시 우리가 방심하는 사이 사라지고 있을지도 모른다. 게다가 어떤 동물이 서식지에서 완전히 자취를 감추고 멸종했음을 확인하기까지는 수십 년이라는 긴 시간이 걸리기도 한다.

우리도 모르는 사이에 일어나는 멸종

2019년 지구상에서 사라진 것으로 확인된 동물은 20여 종이었다. 여기에는 달팽이 1종과 조류 3종, 개구리 2종, 상어 1종, 담수어 중 최대 크기로 알려진 주걱철갑상어 등이 포함됐다. 실제로 2023년 지구상에서 완전히 사라진 종은 이보다 훨씬 많은 수천 종에 달할 것으로 추정되지만, 멸종 여부 확인 속도는 이보다 훨씬 더디기 때문에 20여 종에 불과한 것이다.

2019년 영원히 사라진 동물 중 가장 유명한 것은 '외로운 조지Lonesome George'라는 이름이 붙은 하와이나무달팽이다. 지구상에 단 한 개체만 남아 있었기 때문에 이런 별명을 얻었다. 이 달팽이는 2019년 1월 1일 14세 나이로 사망했다. '외로운 조지'란 이름은 2012년 자손을 남기지 못하고 세상을 떠나 멸종한 갈라파고스 핀타섬의 마지막 코끼리거북의 이름에서 따온 것이다.

하와이나무달팽이에 대한 첫 기록은 1787년 영국인 조지 딕슨 선장이 하와이 오아후섬에 정박해 원주민들로부터 이 달팽이 껍데기로 만든 선물을 받았다는 내용이다. 당시만 해도 오아후섬에서 흔히 볼 수 있는 달팽이였지만 1997년에는 10마리만 살아 있는 것으로 확인됐다. 하와이주립대학 연구진이 이들을 보호하며 번식시키려 애썼지만 '외로운 조지'를 제외한 다른 개체들은 모두 죽었다. 우리 주변에서 흔하게 볼 수 있는 달팽이 중에도 '외로운 조지'와 비슷한 운명에 처한 개체들이 있을지도 모른다.

2019년 멸종 사실이 확인된 동물 중에는 중국 양쯔강에서 서식해온 주걱철갑상어도 있다. 중국과 영국 연구진은 이 어류를 찾기 위해 여러 차례 양쯔강 유역을 조사했지만 결국 찾아내지 못했고 완전히 멸종한 것으로 보인다는 연구 결과를 2019년 12월 23일 국제학술지《종합환경과학》에 발표했다. 연구진은 빠르면 2005년, 늦어도 2010년쯤 이 어류가 멸종한 것으로 보인다고 추정했다. 사라진 지 10여 년 만에야 인류는 이 어류의 멸종을 확인한 것이다.

길이가 최대 7m에 이르는 주걱철갑상어는 약 2억 년 전 중생대 쥐라기 때부터 지구상에 존재해온 동물이다. 살아 있는 화석이라 불리는 동물 중 하나로, 인류보다 훨씬 긴 세월 동안 지구상에 존재해온 이 동물이 인간으로 인해 사라진 것이다. 이 어류는 과거 중국의 큰 강에 두루 서식했지만 1950년대 이후에는 양쯔강에서만 확인됐다. 주걱철갑상어의 멸종 원인은 양쯔강에서 자행된 남획과 댐 건설로 인한 서식지 파편화 등으로 추정된다. 양쯔강에 서식했던 동물 중 양쯔강대왕자라 역시 2019년 4월 마지막 암컷이 죽음으로써 멸종했다. 이 밖에 아프리카에 서식했던 왈드론 레드콜로부스 원숭이, 시에라데오모아 강변 개구리, 조류인 포오울리 등이 2019년 사라진 동물 목록에 이름을 올렸다.

지구에서 사라진 것은 아니지만 특정 지역의 개체군이 사라진 동물도 다수 존재한다. 동남아시아 라오스에서 사라진 인도차이나호랑이가 대표적이다. 과거 동남아시아의 광범위한 지역에 서식했지만 베트남, 캄보디아에서는 이미 자취를 감췄고, 라오스에서도 절멸됐다. 이들 호랑이는 태국과 미얀마 정도에만 남아 있는 것으로 추정된다.

인도네시아와 말레이시아에 서식하던 수마트라코뿔소 역시 해당 지역에서는 사라져버렸다. 2019년 11월 23일 말레이시아에서 사망한 '이만'이 이 지역의 마지막 수마트라코뿔소였다. 한반도 지역에서는 백두산호랑이(시베리아호랑이)와 표범이 절멸했다.

'거대한 가속'을 따라잡기 위한 연구들

트럼프 전 대통령을 포함한 미국 공화당 인사들 중에는 기후변화를 부정하는 이들이 많았다. 그런데 트럼프 전 대통령의 임기 중이었던 2017년에는 파리 기후변화협약 탈퇴를 선언한 공화당 정부를 웃음거리로 만드는 미국 정부의 보고서가 나왔다.

2017년 8월 《뉴욕타임스》가 보도한 내용에 따르면 미국 환경보호청EPA 등이 포함된 13개 미 연방정부 기관들은 1980년 이후 미국 평균온도가 급격하게 올라가고 있고, 최근 수십 년간은 지난 1,500년 동안 가장 더운 시기였다는 보고서를 작성했다. 이 보고서의 핵심 내용은 온실가스 배출을 포함한 인간 활동이 기후변화의 주요 원인이라는 증거가 많다는 것이었다. 기후변화를 부정하는 정권에서도 이 같은 보고서가 나올 정도로 현재 과학계에서 기후변화는 의심의 여지가 없는 정설인 셈이다.

과학자들은 기후변화에 따른 서식지의 급변이나 멸종 등 '거대한 가속Great Acceleration'에 따른 생태계 변화를 알리는 보고서 또한 꾸준히 발표하고 있다. 거대한 가속이란 20세기 후반 이후 기후변화, 환경오염 등 인류 사회의 영향으로 지구 환경의 변화가 갈수록 빨라지고 있음을 뜻한다.

아직 인류는 생태계의 변화가 장기간에 걸쳐 가속화되고 있는지 여부에 대해 확인하지 못한 상태다. 광범위한 지역에서 일어나고 있는 생물다양성의 변화에 대한 장기 연구자료가 턱없이 부족한 상태이기 때문이다. 우리가 과학자들의 연구 결과를 통해 확인할 수 있는 지구 생태계의 변화는 극히 일부에 불과하다. 인류의 지구 생태계 변화에 관한 연구 수준에 비하면, '장님 코끼리 만지는 격'이라는 격언 속 장님은 매우 종합적이고 포괄적인 파악에 성공한 것일지 모른다. 그만큼 지구 생태계의 장기적 변화에 관해 우리는 아는 바가 적다.

2018년 4월 12일 권위 있는 국제학술지《네이처》에 게재된 유

럽 전역 산 정상의 식물군에 대한 연구는 '거대한 가속'에 따라
벌어지는 장기적인 생태계 변화에 대한 내용이 담겨 있다. 덴마
크 오르후스대학, 독일 프리드리히알렉산더대학 등 유럽 11개국
공동 연구진은 145년 동안 알프스산맥을 포함한 유럽 내 산 정
상 302곳의 식물군 변화를 조사한 결과 식물종의 다양성이 크게
증가한 것으로 나타났다고 밝혔다. 조사 대상인 산의 절반가량에
서 식물종의 다양성이 급격히 증가했고, 2007~2016년 사이 생
물종 증가 속도는 50년 전인 1957~1966년에 비해 5배가량 빨
라진 것으로 나타났다. 1957~1966년 이들 302곳의 산 정상에서
증가한 식물종의 수는 평균 1.1개 정도였지만, 2007~2016년 사
이에는 평균 5.5종이 산 정상부로 서식지역을 확대한 것으로 확
인됐다.

　독일과 덴마크 외에도 노르웨이, 스위스 등 11개국의 다양한
과학자들이 참여한 이 연구가 중요하게 평가된 것은 광범위한
지역에서 장시간에 걸친 기후변화의 생태계 영향을 분석한 최
초의 결과이기 때문이다. 145년에 걸쳐 여러 세대의 과학자들이
302곳에 달하는 산의 정상을 일일이 확인하고, 식물의 종과 분
포에 대한 방대한 조사 결과를 함께 분석·비교했다.

　이 연구를 통해 유럽에서 확인된 기후변화로 인한 식물군의
변화는 이미 지구 곳곳에서 나타나고 있다. 열대 지역의 상징과

같은 야자수는 가장 추운 달의 평균기온이 2도 이상인 지역에서도 생장과 번식이 가능하다는 연구 결과가 나온 바 있다. 2018년 3월 19일 미국 라몬트-도허티 지구관측소 연구진이 《사이언티픽 리포트》에 게재한 보고서에 따르면 미국 워싱턴 역시 가까운 미래에는 야자수가 번식 가능한 지역이 될 가능성이 높은 것으로 나타났다. 심지어 스위스 알프스 지역의 고원에서도 야자수가 발견됐다고 한다.

장기적 생태 연구가 미비한 한국의 현실

한국에서도 기후변화에 따라 전국의 과일 주산지, 북방한계선 등이 빠르게 바뀌고 있다. 식물의 북방한계선이란 해당 식물이 자생할 수 있는 가장 북쪽 지역을 의미한다. 국내의 경우 북방한계선의 북상은 주로 제주에서만 재배가 가능했던 과일나무가 내륙으로 건너오는 현상에서 많이 확인된다.

예를 들어 2024년 현재 전라북도에서는 아열대 과수 10여 종이 재배되고 있다. 한라봉, 천혜향처럼 늦게 열리는 감귤류가 대표적 사례다. 평균기온이 낮은 편인 강원도에서도 멜론이나 알로에 같은 작물이 재배되고 있다.

통계청의 〈기후변화에 따른 주요 농작물 주산지 이동 현황〉에 따르면 사과와 인삼의 재배 가능 지역 역시 강원 산간으로 확대됐고, 복숭아와 포도의 재배 면적은 충북·강원 지역으로 확대되고 있다. 강원도 산간을 제외한 남한 대부분 지역이 21세기 후반 아열대기후에 포함될 것으로 전망하기 때문에 식물의 북방한계선은 계속해서 북상할 것이다.

반대로 일부 지역에서는 과거 재배가 가능했던 과일나무를 더 이상 기를 수 없게 되기도 했다. 대표적 사례가 사과다. 2030년이 되면 사과의 대표적 산지였던 경상북도 대부분 지역에서 사과 재배가 힘들어질 것으로 예상한다.

그러나 유럽과 달리 국내의 경우 감귤류나 사과 같은 상업적 목적의 과일나무에 대한 연구만 이뤄지고 있을 뿐 생태계의 장기적인 변화 추세에 대한 연구는 거의 이뤄지지 않고 있다. 지금부터 자료를 축적해놔야 10~20년 후에 이를 바탕으로 한 연구가 가능할 텐데, 현재 일어나고 있는 기후변화 영향에 대한 연구조차 턱없이 부족한 상태다. 145년에 걸친 유럽의 식물 연구가 오랜 기간 축적된 자료 덕분에 이뤄질 수 있었음을 감안하면 국내에서도 수십 년 후, 수백 년 후를 내다보는 장기적 생태 연구를 지금이라도 시작할 필요가 있다. 1913년 자신의 저서에 장기적 생태 연구가 필요하다고 지적한 스위스의 식물학자인 요시아스

브라운 블랑케^{Josias Braun-Blanquet} 같은 선구자들이 조사해놓은 자료들이 없었다면 145년에 걸친 연구 결과 분석은 불가능했을 것이라고 유럽의 과학자들은 말한다.

기후변화에 대비하기 위한 구상나무 연구

침엽수인 구상나무는 국내에서 장기간 생태 연구의 대상이 된 식물이라 할 수 있다. 구상나무가 관심을 받고 있는 것은 토종인 데다 주로 아고산 지역에서만 자라고, 특유의 크리스마스트리 같은 형태로 비교적 유명한 식물이기 때문일지도 모른다. 현재 지리산국립공원 세석평전대피소로 이어지는 등산로 인근에는 이 나무를 기르는 묘포(묘목을 키우는 밭)가 있다. 이 밭에서는 국립공원연구원이 기후변화에 대비해 기르고 있는 아기 구상나무 1,000여 그루가 자라고 있다.

국립공원연구원은 이 묘포지에 2021년부터 어린 구상나무 2,000그루 정도를 옮겨 심었는데 약 1,000그루가 살아남아 안정적으로 자라고 있는 것이다. 10여 년 정도 나이를 먹은 이들 묘목의 키는 30~50cm 사이다. 구상나무를 포함해 국립공원연구원이 기후변화에 대비해 기르고 있는 아고산대 상록침엽수는 약

지리산 반야서능에서 촬영된 구상나무 고사 현장. ⓒ녹색연합

3만 그루다.

구상나무는 해발고도 1,500m가 넘는 아고산대에서 주로 자라는 한국의 토종 식물이다. 지리산과 설악산, 무등산, 덕유산, 지리산, 한라산 등 큰 산의 중턱에서 쉽게 볼 수 있는데 기후변화가 진행되면서 곳곳에서 대량 고사가 확인됐다. 잎이 떨어져 나가고, 하얀 줄기와 가지를 드러낸 구상나무는 기후변화의 상징으로 여겨질 정도다.

구상나무가 고사한 숲을 그대로 두고 자연적인 천이가 일어나도록, 즉 활엽수 등이 침투하도록 둘지, 구상나무를 옮겨 심어 숲을 다시 복원할 것인지는 결정되지 않았다. 사실 기후변화로 인한 숲의 변화에 어떻게 대처할지는 생태학자들에게 있어서도 큰 고민거리다. 기후변화를 받아들여 그대로 둘 것인지, 기후변화에 대응해 기존의 식물종을 살려낼 것인지를 두고 의견이 갈리기 때문이다.

세석평전 인근은 지리산에서 구상나무 군락이 가장 건강하게 유지되는 곳이다. 묘포지 주변에는 자연적으로 종자가 퍼져서 발아하고 잘 자라는 구상나무도 쉽게 찾아볼 수 있다.

구상나무 등 아고산대 상록침엽수가 쇠퇴하는 정황은 2022년 12월 31일 국립공원연구원에서 펴낸 〈2022년 국립공원 기후변화 생태계 모니터링 보고서〉(이하 〈모니터링 보고서〉)에서 상세히 확인할 수 있다. 지리산에 자생 중인 상록침엽수는 총 76만 그루로 이 가운데 고사목은 9.2%에 달했다. 설악산은 26만 그루에 고사목 7.6%, 덕유산은 3만 4,000그루에 고사목 4.8%, 태백산은 4만 9,000그루에 고사목 1.1%, 오대산은 3만 8,000그루에 고사목 6.5%, 소백산은 1만 6,000그루에 고사목 0.9% 등으로 나타났다. 아고산대가 넓은 지리산과 설악산의 침엽수들이 큰 타격을 받은 것이다.

〈모니터링 보고서〉에는 고사목 비율뿐 아니라 지리산, 설악산, 태백산, 오대산, 소백산 침엽수의 해발고도별 분포, 해발고도별 고사목 분포, 지형과 습기 정도에 따른 고사목 분포 등의 상세한 기초조사 결과도 담겨 있다. 이 같은 기초조사 결과는 앞으로 구상나무 군락 쇠퇴에 어떻게 대응할지를 판단할 때 중요한 역할을 할 것이다.

현장 조사와 항공사진 등을 이용한 연구, 해외 연구 결과 등을 통해 국립공원연구원 연구진은 현재 고사한 구상나무들의 수령이 70~80년 정도이며, 지역별로 고사 원인도 다르다는 것을 밝혀냈다. 같은 지리산이라 해도 강풍의 영향을 많이 받는 지역과 수분이 부족한 지역은 고사 원인이 다르다. 세석평전처럼 구상나무 고사목이 거의 없는 지역도 있지만, 천왕봉처럼 해발고도가 높고 바람이 강한 지역에서는 고사목이 많은 편이다. 실제로 세석평전 인근 촛대봉에 올라 바라본 천왕봉에서는 고사해 하얗게 변한 구상나무의 비율이 높았다.

국립공원연구원이 지리산 전역에 분포하는 구상나무의 수령을 확인한 결과 평균 수령은 약 80년으로 나타났고, 최대 수령은 208년이었다. 천 년을 살고 죽어서도 천 년을 간다는 나무인 주목만큼 긴 세월을 버티지는 못하지만, 구상나무 역시 살아 있을 때는 100년 이상, 죽어서도 100년 가까이 버틴다는 사실이 처음으로 확인된 것이다. 2021년 8월 국립공원연구원 연구진과 국립공원공단 자원보전처, 지리산국립공원 전남사무소 등이《한국환경생태학회지》에 게재한 논문을 보면 지리산 벽소령에서는 구상나무 수령이 평균 102년, 반야봉에서는 평균 91년으로 지역에 따라 구상나무의 수령 역시 차이를 보인다.

국립공원연구원은 지리산 구상나무에 대한 조사·연구를 위해 세석평전에 기후변화스테이션을 설치하고, 연중 겨울철을 제외하고 상시로 모니터링을 한다. 구상나무 군락뿐 아니라 지리산 지역의 미기후에 대해서도 데이터를 축적하고 있다. 미기후란 지면에 가까운 대기층의 기후를 말한다. 보통 지면에서 1.5m 높이 정도를 대상으로 하며, 식물의 생장과 밀접한 관계가 있다.

인간, 기후위기의 명백한 원인

2018년 2월, 미국 환경보호청EPA과 항공우주국NASA, 국립과학재단NSF 등의 후원을 받아 작성된 논문이 국제학술지《네이처》에 실렸다. 이 연구는 인간 활동이 없었다면 지구 기후가 차갑게 변했을 것이라는 분석을 내놓았다. 인간 활동이 기후변화의 명백한 원인임을 방증하는 내용인 셈이다. 미국 와이오밍대학 연구진은 옐로스톤국립공원 등을 포함한 북아메리카와 유럽 대륙 전역의 호수 및 연못 642곳에서 모은 꽃가루 화석을 분석했다. 그결과 최근 10년 사이 지구 북반구 지역 기온은 1만 1,000년 전보다 약 3.5도 높은 것으로 파악됐다. 연구진이 기준으로 삼은 1만 1,000년 전은 지질학적 시대 구분에서 홀로세가 시작된 것으로 추정되는 시기이다. 충적세沖積世, 현세現世, 인류세人類世라고도 불리는 '홀로세Holocene'는 마지막 빙하기가 끝나고부터 현재까지의 시점을 가리킨다.

연구진은 꽃가루 화석을 통해 추정한 홀로세 시기 기후변화의 추세가 미국 국립대기과학연구소NCAR가 시뮬레이션한 홀로세 시작 이후의 기후변화에 대한 연구 결과와 거의 일치했다고 밝혔다. 특히 연구진은 최근 수십 년 동안 기온 상승이 과거 1만 1,000년간 어느 세기 평균보다도 높다고 설명했다. 연구진은 또 최근 수십 년 사이의 온난화와는 달리, 최근 2,000년 동안 지구 북반구에서 일어난 기후변화는 한랭화인 것으로 나타났다고 밝혔다. 이는 초기 인류가 살아온 지구가 지금보다 훨씬 차가웠으며, 현대 인류가 지구의 평균온도를 급격하게 상승시킨 주범임을 밝히고 있다.

인간의 이기적인 활동이 없었다면 기후변화는 존재하지 않았을 것이고, 어쩌면 지리산 구상나무를 비롯한 수많은 동식물이 사라지는 일 역시 발생하지 않았을 것이다. 그러나 이미 벌어진 일을 돌이킬 수 없다면, 하루빨리 생태계의 장기적인 변화 추세에 대한 연구를 통해 '거대한 가속'을 멈추기 위한 노력을 해야 할 것이다. 그것이 홀로세 시대 인류에게 주어진 사명이자 임무일 것이다.

기후변화로 인한 동식물 멸종의 속도를 인간의 연구가 따라잡기는 어려울 것이다. 그렇다고 연구를 포기한다면, 멸종의 다음 타깃은 우리 자신이 될지 모른다.

6장

미래 세대에게
'야만'을 물려줄 것인가

'생태계 학살'에 가까운 개발의 연속

현재 우리는 군사독재 시절 국가가 자행했던 국가폭력 사례들을 돌이키며 당시를 '야만의 시대'라고 부른다. 훗날 우리 후손들 역시 야생동물을 배려하는 행정은 드물고, 멸종으로 몰고 가는 개발행위는 쉽게 찾아볼 수 있는 현재를 '야만적'이었다고 평가하며 우리를 탓할지도 모르겠다. 인류가 초래한 기후위기로 동식물 멸종의 속도가 빨라지고, 지구 역사상 여섯 번째 대멸종이 다가오는 와중에도 오히려 멸종을 앞당기고 있었다는 미래 세대들의 지적을 피하기 위해서라도 야생동물을 배려하는 행정이 더 늘어나야 할 시점이다.

2023년 1월 17일 《경향신문》에 실은 칼럼 〈야생동물 위한 '친절한 행정'〉의 마지막 부분이다. 이 글에서 맹꽁이나 흑두루미 등 야생동물을 배려하는 몇 안 되는 행정 사례들을 소개한 뒤 이렇게 적었다. "이처럼 야생동물을 배려하는 사례가 조금씩 늘고 있다고는 해도, 여전히 맹꽁이나 흑두루미를 먼저 고려하는 행정이 이례적인 일로 여겨지는 것이 현실이다."

앞의 글은 단지 야생동물을 보호해야 한다는 당위론뿐 아니라 인류가 지구 생태계를 대하는 태도와 그로 인해 벌어지고 있는, 또 앞으로 벌어질 일들을 어떻게 평가할지에 대해 생각해본 것이다. 과거에 비해 인류가 자연을 대하는 태도는 조금씩 나아지고 있을지도 모른다. 하지만 여전히 인류는 자연을 이용·개발한다는 명목으로 파괴와 훼손을 멈추지 않고 있고 이는 고스란히 기후위기의 가속화로 이어지고 있다. 기후위기를 포함해 산업혁명 이후 벌어진 파괴와 오염의 양상이 너무도 심각한 나머지 일부에서 반성의 목소리가 제기됐고, 그에 따라 복원을 위한 노력도 조금씩 이뤄지긴 했지만 지구촌 곳곳에서는 지금 이 순간에도 이같은 반성과 복원을 무색케 하는 훼손이 벌어지고 있다.

대규모 벌목과 방화로 인한 아마존 열대우림의 소실, 북극해와 멕시코만 등 곳곳의 바다에서 벌어지는 원유 시추 과정의 유류오염 같은 세계적 이슈를 제외하고 지금 국내에서 벌어지는 개발로 인한 자연 훼손 사례만 언급해도 이 글을 쓰고 있는 노트북 화면이 가득 찰 것만 같다. 새만금, 가덕도, 설악산, 영주댐, 4대강, 제주 제2공항처럼 비교적 잘 알려진 사례부터 공릉천, 금호강처럼 최근에 알려진 사례까지 개발이라는 허울을 뒤집어썼지만 실상은 '생태계 학살'이라 일컬어지는 일들이 국내에서 자행됐고, 또 추진되고 있다.

사실 이런 개발 사업들로 인한 학살이 어떤 결과를 낳을지, 그리고 이에 대해 미래 세대들이 어떻게 평가할지 우리는 잘 알고 있고, 또 예측할 수 있다. 과학자들이 내놓는 연구들은 미래에 어떤 일이 벌어질지에 대해 일관된 결과를 보여준다. 우리의 생태계 학살로 인해 숱한 생물종이 멸종되고 있으며, 그 속도가 점점 빨라지고 있다는 것이다.

언제까지 멸종위기종을 업데이트할 것인가

호주 플린더스대학 연구진이 2021년 12월 국제학술지 《사이언스 어드밴스Science Advances》에 게재한 논문에 따르면 2100년쯤 이면 현존하는 동물의 4분의 1가량이 멸종할 것이라고 한다. 먹 이사슬에 따라 피식자가 사라질 때 포식자에게 미치는 영향 등 을 포함한 컴퓨터 시뮬레이션으로 가상의 지구를 만들어 얻은 이 연구 결과는 현재 많은 동물이 멸종위기에 처해 있다는 연구 를 다시 한번 증명하는 내용이기도 하다. 이는 전 지구적인 관점 에서 멸종으로 인한 동물들 간의 상호작용을 살펴본 최초의 연 구이기도 하다.

2019년 UN이 발표한 '생물 분류군별 멸종위기 실태'에서도 수십 년 후 지구 생태계의 구성원들이 처하게 될 위기를 살펴 볼 수 있다. 이 발표에는 양서류는 조사 대상 종의 40%가 위기 에 처했고, 식물은 34%, 곤충 등 무척추 동물은 27%, 포유류는 25%, 조류는 14%가 위기에 처했다는 내용이 담겨 있다. 이 같은 연구 결과들을 보면 가장 큰 타격을 받는 분류군은 양서류인데, 개구리나 도롱뇽처럼 이 분류군에 들어가는 동물들이 기온과 습 도 변화에 매우 민감하기 때문일 것이다.

멸종위기종 목록에 포함되어 있는 동물들이 가까운 미래에 실제로 멸종할 것이라는 예측은, 인류가 지금처럼 기후위기에 대한 무책임한 행태를 이어갈 경우 '멸종위기종 목록'은 '멸종예 비종 목록'이나 다름없게 될 것임을 경고한다. 이런 연구들을 살펴볼 때마다 수십 년 후 이런 예측이 현실화될 시기에 미래 세대들, 즉 현재의 어린이와 청소년들은 이전 세대에 대해 '어리석었다'고 평가하는 것이 아니라 '야만적이었다'고 비난하지 않을까 하는 생각이 든다. 과거의 인류는 미래를 제대로 예측하지 못한 채 생태계 학살을 자행하며 어리석음을 드러냈지만, 현재의 우리는 미래에 벌어질 일들에 대해 어느 정도 정확하게 예측하면서도 학살을 멈추지 않는다. 이는 무책임한 행태일 뿐 아니라 미래 세대에 대한 고의적인 '죄악'이자 '야만'에 가까운 일이다.

제인 구달이 보여준 작은 희망

많은 과학자들이나 환경활동가들은 우리가 미래 세대로부터 '지구를 빌려 쓰고 있다'고 말한다. 지구는 우리들만의 것이 아니라 앞으로 올 세대들의 것이기도 하기에 잘 지키고, 보존하다가 돌려줘야 한다는 것이다. 하지만 2014년 충남 서천 국립생태원에 방문했던 생태학자 제인 구달Jane Goodall을 인터뷰했을 때, 그는 우리가 미래 세대로부터 지구를 '빌려 쓰고' 있는 것이 아니라 '빼앗고' 있다고 말했다. 그 말에 영감을 받아 쓴 《지구를 빼앗지 마!》에서도 언급했듯, 현재 인류가 벌이는 생태계 학살은 미래 세대가 누려야 할 자연환경을 망쳐놓는 만행일 수밖에 없다.

제인 구달은 1960년대부터 아프리카 탄자니아의 곰베밀림에서 침팬지의 생태를 연구하다 침팬지가 도구를 사용해 개미를 잡아먹는 모습을 최초로 발견했다. 침팬지가 도구를 사용한다는 발견은, 그 당시까지 도구를 사용하는 존재란 인간뿐이라고 여겨온 인류의 오만함을 깨뜨렸다. 이후로도 이어간 침팬지 연구 활동 덕분에 '침팬지의 어머니'라 불리기도 하는 구달은 현재 80대의 고령에도 불구하고 전 세계의 어린이와 청소년들을 만나며 환경 보호 활동을 펼치고 있다.

지금 우리가 품을 수 있는 유일한 희망은 대멸종으로 가는 거대한 물결을 막지는 못하더라도, 제인 구달이 보여준 것처럼 끊임없는 실천을 통해 작은 조약돌을 쌓고 또 쌓아 그 흐름을 조금이나마 늦추는 것이다. 인류가 앞다퉈 대멸종을 앞당기는 야만의 시대에 환경운동가, 경고의 목소리를 내는 과학자가 더없이 소중한 이유는 여기에 있다.

어른들이 먼저 바뀌지 않는다면
기후변화 시대를 살아갈 후손들은
군사독재 시절만이 아니라
우리가 살아온 방식을 '야만'이라 부를 것이다.

1
2

**현재 멸종됐거나 멸종위기종으로
분류된 동물들**

① 1989년 5월 15일 마지막으로
목격된 뒤 사라진 황금두꺼비.
ⓒCharles H. Smith

② 브라질에 고유한 멸종위기종
중 하나인 황금사자타마린.
ⓒJeroen Kransen

③ 아시아와 러시아 남부, 인도 북
부 등에 살았으나 현재는 멸종
위기에 처한 승냥이.
ⓒJulielangfo

④ 한반도를 떠나 러시아 극동에
서 소수만 살아남은 시베리아
호랑이. ⓒDave Pape

3

4

2부

지구와 인간의
병적 증상

7장

코로나19는 인간의 경각심을 일깨웠을까

멸종위기 동물의 수는 회복될 수 있을까

"코로나19 사태로 인간들의 활동이 위축되면서 자연이 회복되고, 지구는 살아나고 있다."

"인간 활동이 줄어들자 이산화탄소 등 온실가스의 농도도 주춤하는 모양새다."

"인적이 뜸해진 도심, 바닷가 등에 야생동물들이 돌아왔다."

코로나19 팬데믹 초기였던 2020년 즈음 잊을 만하면 포털사이트 뉴스 란에 게재됐던 기사 내용이다. 유럽의 도심부터 남아메리카나 인도에 이르기까지 인간의 발길이 뜸해진 곳에 야생동물들이 출몰하고, 중국을 비롯해 대기오염물질을 쏟아내던 국가의 기업들이 생산 활동을 크게 줄이면서 대기 질이 맑아지고, 이산화탄소 농도가 떨어졌다는 소식을 많은 언론이 경쟁적으로 전했다. 나도 비슷한 기사를 쓰며 이 같은 흐름에 동참했다. 코로나19가 사회의 여러 방면을 옥죄는 현실에서 이런 소식이 반갑게 여겨진 것은 사실이다. '코로나19바이러스로 인해 인간 활동이 줄어들면서 자연이 되살아나고, 지구가 회복되고 있다'는 이야기는 정설처럼 받아들여졌다.

코로나19 팬데믹 직전이었던 2019년 개봉한 영화 〈어벤져스: 엔드게임Avengers: Endgame〉 초반부에도 이 같은 현상을 예언하기라도 한 듯한 장면이 나온다. 타노스가 인피니티 스톤 6개를 모은 뒤 손가락을 튕겨 세계 인구의 절반을 없애버린 지 5년이 지나고, 캡틴아메리카가 미국 뉴욕 허드슨강에서 고래 떼를 봤다고 말하는 부분이다. 허드슨강을 지나는 배가 줄어들고 수질이 깨끗해지면서, 즉 인간의 영향이 줄어들면서 자연이 회복됐음을 의미하는 내용이었다.

팬데믹과는 상관없지만, 인간의 생태계 교란행위가 중단된 지역에서 멸종위기 동물의 수가 회복된 사례는 생각보다 쉽게 찾

을 수 있다. 일본을 제외한 국제사회가 포경을 금지하기로 합의

하며 멸종위기에서 극적으로 회복된 혹등고래가 대표적이다.

미국 워싱턴대학과 국립해양대기청NOAA 등 연구진은 남대서

양의 혹등고래 수가 인간의 포경 등으로 인한 위협이 시작되기

전의 93%가량인 약 2만 4,900마리까지 늘어난 것으로 추정된다

는 연구 결과를 2019년 10월 영국왕립학회의 오픈액세스저널

《왕립학회오픈사이언스》에 발표했다. 연구진은 2030년쯤에는

혹등고래의 수가 본래의 약 99%까지 회복될 것으로 내다봤다.

혹등고래는 세계자연보전연맹IUCN의 멸종위기종 목록인 '적

색목록'에 관심 필요LC, Least Concern로 등록돼 있는 해양포유류다.

긴수염고래과에 속하는 혹등고래는 평균 몸길이가 15m, 체중이

약 30t에 달하며 등지느러미가 혹처럼 생겨 이 같은 이름이 붙었

다. 성격이 온순하고 보호 본능이 강해 범고래의 공격을 당한 새

끼 물범을 배 위로 올려 구조하거나 상어로부터 여성 다이버를

보호한 사례가 보고된 적도 있다. 고래 사냥하는 모습이 그려진

암각화 중 가장 오래된 것인 울산 반구대 암각화에도 혹등고래

에 대한 묘사가 새겨져 있다.

멸종위기에 처하게 된 것은 18세기부터 본격적으로 이뤄

진 포경 때문이다. 1986년 포경이 중단되기 전까지 혹등고래는

약 30만 마리 이상이 사냥당한 것으로 추산된다. 특히 남대서

바다 위로 몸을 뻗는 혹등고래. 스텔바겐 뱅크 국립 해양 보호구역에서 촬영.
©Whit Welles

양의 혹등고래 수는 1830년 약 2만 7,000마리에서 1950년 중반 약 450마리까지 줄었다. 한반도 연안에서는 1911~1944년에 128마리가, 1958년 이후 13마리가 포획됐다는 해양수산부 기록이 있다. 혹등고래는 연안을 천천히 유영하는 습성 때문에 포획이 쉽다 보니 멸종위기에 처했었다.

하지만 인류 사회 대부분의 포경 중단과 보호를 위한 노력으로 혹등고래 수는 점차 회복됐다. IUCN은 현재 혹등고래가 8만 4,000마리 정도 존재할 것이라 추정한다. 연구진은 또한 논문에서 "이번 연구는 우리가 올바른 일을 하면 (멸종위기 동물의) 개체 수가 회복될 수 있음을 보여주는 좋은 사례"라고 설명했다.

인간은 지구의 '암덩어리'에 불과할까?

하지만 인간의 활동이 중단되자 자연이 스스로 회복되고, 지구가 깨끗해지고 있다는 이야기는 반만 맞고, 반은 틀린 것이었다. 코로나19 팬데믹이 종식된 이후, 즉 '포스트 코로나' 시대에 돌아보면 이 같은 기사들은 매우 좁은 시각의 이야기에 불과했다. 혹등고래 사례와 같은 야생동물의 귀환과 대기질 개선, 온실가스 배출량 감소 등은 모두 부분적으로만 맞는 이야기일 뿐 지구의 전체적인 실태와는 거리가 멀었다.

　이런 사건을 다룬 기사에 대해 시민들은 대체로 긍정적인 반응과 함께 우리 자신을 반성하는 목소리를 냈다. 댓글을 보면 "인간은 지구의 기생충이었어", "자연을 망치는 주범은 역시 인간이야" 등의 반응이 주를 이뤘다. 2020년 3월 27일 인도 언론을 인용해 보도했던 〈코로나19로 출입 통제된 인도 해변에서 바다거북 80만 마리 산란〉이라는 제목의 기사에도 "인간이 없으니 자연스레 동물들이 오가는구나"라는 반응이 주를 이뤘다. "이런 걸 보면 전염병은 인간을 청소하려는 지구의 뜻인가 싶다"처럼 다소 섬뜩하게 느껴지는 댓글이 달리기도 했다. 그리고 많은 이들이 이 댓글에 공감을 표시했다.

　이런 기사와 댓글이 한동안 이어지다 보니 어느새 코로나19 사태로 인해 '인간이 망치고 있던 지구가 오랜만에 숨을 쉬게 되었다'든지 '인간이 아무 짓도 안 하면 자연은 스스로 회복된다'는 식의 메시지를 담은 기사들이 보도됐고, 이에 공감하는 시민들도 늘어났다. 하지만 이런 메시지는 비과학적일뿐더러 코로나19 팬데믹 이후 지구 생태계와 인간의 관계에 아무런 도움도 주지 못할 가능성이 크다. 이 같은 이분법적인 접근은 인간의 활동이 자연을 불안정한 모래성처럼 무너뜨릴 것이라는 점을 전제하기 때문이다. 이러한 관점에 따르면 자연의 회복이 일시적인 사건이 아닌 영속성을 지니려면 인류 전체, 또는 대부분이 사라져야 한다. 그래야 앞서 언급했던 야생동물의 귀환과 지구 대기질 개선, 온실가스 저감이 영구적인 일이 될 수 있을 것이다.

미국 최고의 과학 저술로 선정된 바 있는 《인간 없는 세상The World Without Us》의 서두에는 '인간 없는 세상의 연대기'가 나온다. 인류가 사라지고 1년이 지나 고압전선에서 전류가 차단되면 매년 10억 마리씩 희생되던 새들이 더 살기 좋은 세상을 만나고, 100년이 지나면 상아 때문에 죽임을 당하는 일이 없어진 코끼리의 개체 수가 스무 배로 늘어난다는 것이다. 또 인류가 사라진 지 500년이 지나면 지구 온대 지역의 교외가 숲으로 회복된다는 내용도 담겨 있다.

대기 중의 온실가스나 지구 대부분을 오염시킨 미세플라스틱, 잔류성유기오염물질POPs, Persistent Organic Pollutants 등의 물질 역시 《인간 없는 세상》에 따르면 자연의 자정적인 활동에 따라 없어지게 될 요소들이다. 수십만~수백만 년의 시간이 필요하겠지만 말이다. 이처럼 오랜 시간을 거치며 자연이 스스로 회복된다는 의견에는, 근본적인 오염원인 인류의 존재가 없어져야 한다는 가정이 들어 있다. 슈퍼히어로 영화나 만화 등에 나오는 인류 절멸을 꿈꾸는 매드 사이언티스트mad scientist들이나 좋아할 만한 내용인 셈이다.

　전문가들은 코로나19 팬데믹으로 인한 온실가스 배출량 저감이 일시적인 현상일 뿐이라고 강조한다. 텍사스A&M대학 연구진은 2020년 5월 한민족과학기술자네트워크KOSEN의 《KOSEN 리포트》에 기고한 〈코로나19와 기후변화〉 보고서에서 코로나19 팬데믹 이후 온실가스 배출량이 급증하는 '리바운드rebound 효과'가 발생할 수 있다고 분석했고, 이 예측은 실현되고 있다.

　이 보고서에 따르면 코로나19로 인해 최근 세계 각국의 온실가스 배출량이 크게 감소한 것은 사실이다. 중국의 경우 다수의 공장을 폐쇄하면서 2020년 2월 초부터 3월 중순 사이 탄소 배출량이 18% 감소했고, 유럽과 이탈리아의 같은 해 3월 배출량도 27% 감소했다. 전 세계의 온실가스 배출량 감소는 2008년 금융위기 이후 12년 만에 처음이었다. 미국은 전체적으로 배출량이 약 7% 감소했는데, 교육용·상업용 에너지 소비는 25~30% 줄어들고, 주거용 에너지 소비는 6~8% 증가했다.

　그러나 보고서는 이 같은 현상은 일시적일 뿐이고, 포스트 코로나 시대에는 각국 정부가 경기 활성화를 위해 환경 규제를 완화하면서 온실가스 배출량이 다시 급증할 것이라는 우려를 담고 있다. 2008년 금융위기 당시에도 일시적으로 온실가스 배출량이 감소했지만, 경기가 회복된 후 리바운드 효과가 일어나 온실가스 배출량이 급증했다. 특히 중국의 온실가스 배출량 추이는 포스트 코로나 시대를 더욱 암울하게 만드는 요소이다. 코로나19가 진정되던 시기 중국의 공장들이 가동을 재개하자 대기오염 및 탄소 배출 수치가 다시 이전 수준으로 돌아갔다.

게다가 보고서는 코로나19 대책에 예산이 집중되면서 상대적으로 시급성이 떨어지는 기후변화 관련 예산은 전 세계적으로 대폭 감소하는 추세라고 우려했다. 풍력과 태양광 발전에 필요한 부품의 공급사슬이 마비되고, 노동자의 이동이 제한되면서 대규모 프로젝트들이 중지되거나 지연되고 있다. 더불어 미국 내 청정에너지 관련 분야에서는 약 10만 명이 일자리를 잃었다.

텍사스A&M대학 연구진의 암울한 예상은 그대로 맞아떨어져 2022년 5월 이산화탄소 농도는 역대 최고치를 다시 한번 경신했다. 미국 국립해양대기청NOAA은 2022년 6월 초 하와이 마우나로아관측소에서 측정된 이산화탄소 농도가 같은 해 5월 421ppm으로 역대 가장 높은 수치를 기록했다고 발표했다. 2022년 인류가 배출한 이산화탄소는 총 363억t으로 역사상 가장 높은 수준이었다. WMO 역시 2023년 11월 발표한 보고서에서 2022년 전 세계의 온실가스 배출량이 역대 최고치를 기록했다고 밝혔다. 이산화탄소와 메탄 등 온실가스의 대기 중 온난화 효과는 1990~2022년 50%가량 증가했다.

한반도의 이산화탄소 농도 역시 역대 최고치를 기록했다. 2022년 7월 기상청 국립기상과학원은 〈2021 지구대기감시 보고서〉를 통해 안면도 기후변화감시소 기준 이산화탄소 배경농도(오염물질에 직접 영향을 받지 않는 장소의 농도)가 423.1ppm으로 1987년 관측 이래 최고치를 기록했다고 발표했다.

코로나19를 핑계로 인간 활동만을 중지함으로써 자연의 회복을 도모하는 것은 한계가 있을 뿐더러 지극히 무책임한 일이라는 지적도 나온다. 특히 멸종위기를 맞은 동식물들을 방치하는 것은 인류가 저지른 원죄에 스스로 면죄부를 주는 일일 수 있다. 영국 에딘버러 네이퍼어대학의 생태학자인 제니퍼 도드Jennifer Dodd는 《내셔널지오그래픽》과의 인터뷰에서 "인간이 지구를 근본적으로 바꿔놓았기 때문에 우리가 적극적으로 개입하지 않으면 자연은 회복되지 않는다"고 말했다.

텍사스A&M대학 연구진은 "향후 부정적인 영향을 줄이고 긍정적인 영향을 강화하기 위해서는 포스트 팬데믹 시대를 지속 가능하고 친환경적으로 이끌기 위한 관심과 노력이 필요하다"라고 지적했다. 포스트 코로나 시대 생태계와 우리 인류의 관계를 설정하는 방향에 있어 자연의 회복력을 과신하는 태도를 지양해야 하는 이유다. 인간이 스스로 온실가스를 감축하고, 자연 훼손을 줄이는 활동을 지속하지 않으면서 자연 스스로 회복되기만을 바라서는 안 된다는 얘기다.

**인간은 지구를 근본적으로 바꿔놓았다.
우리가 스스로 발을 빼고 물러난다 해서
자연이 알아서 회복될 일은 없을 것이다.**

8장

인간의 동물 관리는 과연 안전할까

인수공통감염병이 갈수록 늘어나는 이유

1918년 스페인독감 약 5,000만 명, 1957년 아시아독감 약 100만 명, 1968년 홍콩독감 약 70만 명, 1976~2019년 에볼라 출혈열 약 1만 2,950명, 2002~2003년 중증급성호흡기증후군SARS 775명, 2012년 3월~2017년 4월 사이중동호흡기증후군 MERS 737명, 2013년 이후 조류인플루엔자 616명, 2020년부터 코로나19 감염자 697만 4,473명(2023년 10월 25일 기준 세계 각국의 공식 집계. 세계보건기구 추정치는 적어도 2,000만 명).

앞에 열거한 내용은 20세기 이후 인류의 생존을 위협했던 감염병과 그로 인한 사망자 수다. 이처럼 숱한 희생자를 만들어낸 감염병의 공통점은 동물에서 비롯돼 인간에게 피해를 준 '인수공통감염병'이라는 사실이다. 이들 질병 외에도 신종플루, 유행성 출혈열(한탄바이러스), 흑사병, 결핵, 광견병(공수병), 광우병(변종 크로이츠펠트-야콥병), O-157, 탄저병, 뇌염 등 익숙한 이름의 질병 역시 인수공통감염병의 범주에 들어간다. 중국에서 시작돼 한국을 포함한 전 세계를 불안에 떨게 했던 코로나19 역시 박쥐가 지니고 있던 코로나19바이러스가 병원체가 된 인수공통감염병이다.

전문가들은 인수공통감염병이 증가하는 원인으로 다양한 병원체를 지닌 저장고 같은 역할을 하는 야생동물이 인간과 접촉하는 기회가 늘어나고 있음을 꼽는다. 야생동물에 대한 밀렵이 계속되고 가축의 밀집 사육이 확대되며, 도심에 동물들을 전시하는 동물원을 세우고 실험동물이나 반려동물을 기르는 등 인간이 자신의 필요에 의해 동물들과의 접촉을 늘리면서 인수공통감염병이 발생했다는 것이다. 실제 인체에 영향을 미치는 감염병 중 약 75%는 동물과 인간이 모두 걸릴 수 있는 인수공통감염병에 해당한다. 동물, 특히 야생동물의 체내에는 언제라도 변이를 일으켜 인간에게 전파될 수 있는 병원체가 상존하는 셈이다.

이는 국내 연구진의 다양한 연구 결과에서도 증명됐다. 환경부 국립환경과학원 연구진이 2019년 5월 대한인수공통감염병학회 춘계학술대회에서 발표한 〈국내 야생박쥐 코로나19바이러스 감시현황 및 결과〉를 보면 국내의 야생박쥐에도 과거 감염병을 일으킨 코로나19바이러스와 유사한 바이러스들이 존재하는 것으로 확인됐다. 연구진이 국내에 서식하는 야생박쥐의 사체와 배설물, 구강 내 샘플 등을 조사한 결과 전남에서는 샘플 189개 중 SARS바이러스와 유사한 코로나19바이러스가 13개, 충북과 경북, 광주에서는 MERS바이러스와 유사한 코로나19바이러스가 각각 1개씩 검출됐다.

다행히 국내 박쥐에서 검출된 코로나19바이러스의 인체 감염 가능성은 희박한 것으로 추정된다. 하지만 한국 역시 박쥐로 인한 코로나19바이러스 발생에 있어 안심할 수 없으며 야생박쥐에 대한 꾸준한 모니터링이 필요하다.

'살인진드기'와 '조류독감'의 위협

박쥐로 인한 코로나19바이러스가 잠재적인 위협이라면, 흔히 '살인진드기'로 알려진 참진드기 매개의 중증열성혈소판감소증

후군sfts은 이미 국내에서도 매년 여러 건의 사망자를 포함한 피해가 발생한 대표적인 감염병이다. 서울대학교 수의대 연구진이 2019년 같은 학술대회에서 발표한 〈국내 동물의 SFTS바이러스 검출 현황〉에 따르면 멧돼지, 고라니, 길고양이, 군견, 재래식 농장의 돼지, 소, 흑염소 등 다양한 동물에서 이 바이러스의 항원이 검출됐다. SFTS는 아직 치료제나 백신도 개발되지 않은 질병이다. 특히 국내의 기후변화가 가속화되고 있는 탓에 이 질병의 감염 사례는 점차 늘어날 것이라는 우려가 나오고 있다.

SFTS의 무서운 점은 다른 감염병에 비해 사망률이 매우 높다는 것이다. 2013~2022년 국내 누적 치명률은 18.7%에 이른다. 이 질병에 감염된 이들은 5명 중 1명꼴로 목숨을 잃었다는 얘기다. 치사율이 이처럼 높은 탓에 정부는 '법정감염병'으로 지정해 관리하고 있다.

국내에서 2013년 처음 발생한 SFTS는 진드기로부터 동물, 동물로부터 다른 동물이나 인간 등으로 전염되는 질병이다. 최근 사람이 진드기에게 물려 감염된 사례뿐 아니라 반려동물로부터 감염될 위험도 커지고 있다는 보고가 나오고 있다. 국내에서는 반려견이 이 질병에 걸린 사례도 다수 확인됐다. 2018년에는 한 임상수의사가 이 질병에 감염돼 진료를 받기도 했다. 일본에서는 한 수의사가 자신이 진료한 고양이로부터 SFTS에 감염돼 입원하기도 했다.

이밖에도 중국에서 사망자가 발생한 조류인플루엔자 역시 상존하는 위협 중 하나로 꼽힌다. 조류인플루엔자는 닭이나 오리 농장에서 집단감염 사태로 나타나는 경우가 많은데, 사람의 감염 역시 주로 가금 농장에서 발생한다. 면역력이 약한 닭, 오리 등의 가금은 이 바이러스를 이겨내지 못하고 폐사하는 경우가 많다. 이에 비해 상시적으로 조류인플루엔자 바이러스의 위협을 받는 야생조류의 경우 면역력이 높은 탓에 바이러스에 걸려도 이겨내는 경우가 많다.

최근에는 남극에 사는 물범, 물개 등 포유동물들의 떼죽음 원인이 고병원성 조류인플루엔자H5N1 바이러스라는 사실이 밝혀지기도 했다. 영국 동식물보건국APHA 연구팀은 2024년 1월 남대서양의 영국령 사우스조지아섬에 서식하는 코끼리물범과 물개 등이 H5N1바이러스에 감염된 사실을 확인했다. 이 섬은 물범이 떼죽음을 당한 채 발견되고, 많은 물개가 조류인플루엔자 증상을 보였던 곳이다. 여기서 죽은 코끼리물범은 약 100마리에 달한다.

포유동물의 조류인플루엔자 감염은 이 섬에서만 일어난 일은 아니다. 2023년 12월 알래스카에서는 조류인플루엔자에 걸린 북극곰이 폐사했다. 남아메리카의 페루와 칠레에서도 바다사자

약 2만 마리가 조류인플루엔자로 죽은 것으로 추정된다.

특히 우려되는 점은 다른 포유동물을 감염시키는 방향으로 바이러스가 돌연변이를 일으키는 것이다. 아직까지는 바닷가에 사는 포유동물에게서만 감염 사례가 확인됐지만, 조류만 감염시켰던 바이러스가 물범이나 물개까지 점령한 것을 보면 육상에서 생활하는 포유류라 해도, 그리고 인간일지라도 감염되지 말라는 법은 없기 때문이다.

무분별한 천산갑 살육이 끼친 영향

이처럼 야생동물과의 무분별한 접촉이 인류에게 위협이 될 수 있다는 경고와 달리, 중국은 물론 국내에서도 여전히 밀렵과 야생동물의 불법 거래가 이어지고 있는 것이 현실이다. 최근 중국 연구진에 의해 코로나19바이러스의 중간숙주로 지목된 천산갑은 중국과 동남아시아 국가들의 미신에 가까운 보신 욕구 때문에 멸종위기에 처한 동물이기도 하다.

천산갑은 몸길이 50~80cm에 꼬리 길이 20~50cm 정도로 이마부터 꼬리 끝까지 어두운 빛깔의 비늘로 덮여 있는 동물이다. 길쭉한 주둥이를 지닌 천산갑은 이가 없어 개미핥기처럼 긴

새끼 천산갑이 둥글게 말려 있는 어미 천산갑에게 매달려 있다. 필리핀의 팔라완 숲에서 촬영. ©Shukran888

혀로 개미나 흰개미 등을 핥아먹으며 주로 밤에 활동한다. 얼핏 파충류처럼 보이는 천산갑은 사실 포유류이며 그들 중 유일하게 비늘이 있는 동물이다. 그런데 이 비늘이 천산갑을 멸종위기에 몰아넣는 원인이 됐다. 천산갑의 비늘을 약재와 가죽 등으로 사용하기 위한 밀렵이 아프리카와 동남아시아, 중국 등에서 성행했기 때문이다.

세계자연보전연맹IUCN에 따르면 아프리카에 4종, 아시아에 4종이 서식하는 천산갑은 모두 IUCN의 멸종위기종 목록인 적색목록에 포함돼 있고 현재도 개체 수가 감소하는 중이다. IUCN은 2014년 천산갑의 야생 개체 수가 21년 만에 기존 수의 20% 이하로 급감했다고 밝혔다. 전체 8종 중 순다천산갑, 필리핀천산갑, 중국천산갑은 위급CR, 인도천산갑, 자이언트그라운드천산갑 등 3종은 위기EN, 나머지 두 종은 취약VU 범주로 분류됐다.

하지만 천산갑의 수가 급감하고 있다는 경고에도 불구하고, 가죽을 노린 밀렵과 불법 거래는 여전히 활발하게 이뤄지고 있다. 2019년 2월 말레이시아에서는 30t 무게에 해당하는 천산갑의 사체가 적발됐다. 과거 천산갑을 쉽게 볼 수 있었던 보르네오섬에서는 무분별한 밀렵이 벌어지며 대부분이 사라졌다. 전문가들은 불법 거래가 적발된 천산갑의 수를 실제 거래되는 양의 10분의 1 정도로 추산하고 있다.

천산갑의 국제 거래는 2017년부터 금지됐지만 해외 언론에 따르면 적어도 67개국에서 밀거래가 이뤄지고 있다. 이들 중 대부분은 중국과 베트남 등 동남아시아 지역으로 보내진다. 세계자연기금WWF은 2011~2013년에 살해당한 천산갑만 해도 11만 6,990~23만 3,980마리에 달한다고 추산했다. 중국에서는 200개가 넘는 업체가 천산갑의 비늘을 포함한 약품을 60여 종이나 제조하고 있다. 약재로 사용되는 천산갑 비늘의 무게는 연평균 26.6t에 달한다. 이는 천산갑 7만 3,000마리에 해당하는 양이다. 그러나 중국이 1994~2014년 수입한 천산갑 비늘은 15t에 불과한 것으로 보아 여전히 새로 밀렵된 천산갑이 이용되고 있을 가능성이 높다. 실제 중국 세관은 2017년 12t에 가까운 천산갑 비늘을 압수했으며, 2018년에는 홍콩 세관이 7t을 압수한 바 있다. 중국으로 유입되는 천산갑의 비늘은 앞서 설명한 것처럼 대부분 약재로 사용되고, 고기는 식용으로 사용된다. 미국 등에서는 천산갑 가죽이 카우보이들의 부츠와 벨트, 지갑 등으로 사용되기도 했다.

인간의 밀렵으로 멸종위기에 처한 천산갑이 현재는 코로나19 바이러스의 중간숙주라는 의심을 받고 있다. 중국 화난농업대학 연구진은 2020년 천산갑을 2차 숙주로 지목한 바 있다. SARS 유행 당시 사향고양이가 변종 코로나바이러스를 인간에게 옮긴 것처럼 박쥐의 바이러스를 천산갑이 인간에게 옮겼다는 얘기다. 만약 중국 연구진의 주장이 사실이라면, 코로나19 팬데믹은 천산갑을 무분별하게 사냥하고 이용한 인간들의 자업자득일 가능성도 높은 것이다. 다만 천산갑이 정말로 바이러스의 숙주인지는 과학적으로 정확히 확인되지 않았다.

밀렵으로 끊임없이 죽어나가는 동물들

밀렵과 불법 거래로 희생되는 동물은 천산갑만이 아니다. 국내에서도 이른바 보신 문화로 인해 동물을 밀렵하고, 유통시키다가 적발되는 사례가 끊이지 않고 있다. 2019년 3월 환경부 영산강유역환경청은 고라니, 너구리, 꿩, 살모사, 유혈목이 등 야생동물 83종을 불법 포획한 밀렵꾼들을 적발했다. 당시 압수된 야생동물 중에는 삵과 구렁이, 큰기러기 등 멸종위기종도 5종이나 포함돼 있었다. 이 사건뿐 아니라 거의 매년 비슷한 사례가 적발되고 있다. 적발되지 않은 사례까지 치면 국내에서도 숱한 동물들이 밀렵으로 죽어가고 있음을 짐작할 수 있다.

과학자들은 인간의 무분별한 야생동물 이용이 앞으로도 더 큰 위험을 일으킬 수 있다고 경고한다. 특히 '바이러스의 저수지'

라는 별명을 얻은 박쥐의 서식지 파괴와 교란이 인간 자신을 위협할 것이라는 연구 결과도 있다. 미국 캘리포니아주립대학 버클리캠퍼스(UC버클리) 연구진은 2020년 국제학술지인《이라이프 eLife》에 박쥐가 바이러스를 지니고도 생존할 수 있는 메커니즘에 대한 새로운 연구 결과를 발표했다. 이 연구 결과에는 인간의 박쥐 서식지 파괴와 교란이 박쥐에게 더 큰 스트레스를 주고, 이는 다른 동물들을 감염시킬 수 있는 분비물이나 배설물을 증가시키는 결과를 낳는다는 추정도 포함돼 있다. 즉 인간이 동굴을 훼손하는 등의 교란 행위를 하면서 박쥐가 위협을 받게 되면 인간도 위험해진다는 것이다. 기존의 인수공통감염병 역시 인간이 야생동물의 서식지를 훼손하고, 해당 동물을 이용하는 과정에서 인간에게 전파된 사례가 많음에도 불구하고 인류는 아직까지 교훈을 얻지 못하고 있는 것이다.

국제적인 환경단체, 동물보호단체 들도 야생동물 밀렵과 불법 거래가 전 세계의 공중보건에 심각한 위협을 가한다고 지적했다. 특히 코로나19 팬데믹을 야생동물 불법 거래의 완전 근절을 위한 계기로 삼아야 한다는 주장도 나왔다. WWF는 중국이나 동남아시아뿐 아니라 한국 역시 야생동물 불법 거래가 활발한 국가라는 성명을 내놓았다. 이 단체는 또 의학적 근거가 미미한데도 야생동물을 약재로 사용하는 경우가 여전히 만연하다고 지적했다. 앞서 설명한 천산갑의 사례처럼 특정 야생동물이 건강에 좋다는 미신에 가까운 믿음이 끊임없이 공유되는 것이다.

동물권 단체들에 따르면 대구 칠성시장에는 개를 포함해 다양한 동물이나 동물 사체를 파는 상점이 집중돼 있는데, 야생조류인 꿩도 매달아놓고 판다고 한다. 불법 도살된 개의 신체 부위가 판매되는 것은 물론이다. 칠성시장은 성남 모란시장, 부산 구포시장 등이 폐쇄된 이후 전국에서 개고기 판매 상점이 가장 집중돼 있는 곳이다. 경주 안강시장과 함께 불법 개 도축시설을 갖춘 몇 안 되는 시장이기도 하다. 다행히 2024년 1월 개를 식용으로 사육·도축·판매하는 행위를 금지하는 법이 국회 본회의에서 통과되기는 했지만, 완전한 개 식용 종식까지는 시간이 필요할 것이다. 불법적인 개의 도축과 유통, 판매가 적어도 수 년간은 지속될 가능성이 높은 것이다. 서울 청계천 등에서는 아무런 수의학적 관리도 이뤄지지 않는 상태로 토끼나 새 등을 좁은 우리에 밀집해놓은 채 판매하기도 한다.

또 농촌에서는 올무 등으로 야생동물을 밀렵해 식용으로 삼는 경우가 여전히 만연해 있다. 환경단체인 녹색연합은 2020년 태백산국립공원 경계 밖 지역에서 밀렵도구에 걸려 폐사한 멸종위기 포유류 삵의 사체를 발견했으며, 주변에서 다수의 올무를 확인했다. 지리산에 서식하던 반달가슴곰 'KM-55'도 2018년 전

남 백운산으로 이동했다가 올무에 걸려 희생됐다. 엽사들이 멧
돼지를 사냥한 후 자가 도축해 식용으로 삼고 있는 실태가 아프
리카돼지열병 사태로 인해 드러나기도 했다.

동물들과의 접촉을 관리해야 하는 이유

생활환경 주변에 시민들이 쉽게 동물과 접촉할 수 있는 시설
이 다수 존재하는 점도 문제다. 도심에서는 많은 시민이 경계심
없이 동물에게 노출되는 체험동물원과 동물카페가 법적 제한이
없는 상황을 틈타 증가하고 있다. 사실상 법의 사각지대에 놓인
이들 시설에 대한 법적 제재가 시급하다는 지적이 꾸준히 제기
되고 있다.

동물권 단체들은 이들 시설 대부분이 열악하고 비위생적인
환경이기 때문에 동물들의 면역력이 약해지면서 병원체에 감염
될 가능성이 높다고 우려한다. 동물복지를 크게 훼손할뿐 아니
라 공중보건에 있어서도 위협이 되고 있다는 것이다. 부모들이
체험학습을 위해 동물카페 등에 어린이나 청소년을 데리고 가는
것은 자녀를 감염병의 위험에 노출시키는 지름길일 수도 있다.
"국내 사설동물원들이 체험을 빙자해 동물을 만지고 먹이를 주

는 형태로 운영되고 있다. 야생동물카페에서는 라쿤, 미어캣, 사향고양이, 파충류 등 여러 종의 동물을 한 공간에 전시하면서 동물 간, 동물과 인간 간 질병 감염 위험이 높은 상황이다"라는 동물권 단체의 지적을 귀담아 들을 필요가 있다.

코로나19 팬데믹과 함께 우리는 야생동물을 포함한 동물들과 인간 사이의 접촉을 어떻게 관리할지에 대한 교훈을 얻었다. 동물의 서식지를 파괴하거나 무분별하게 이용하는 행태가 더 이상 지속돼서는 안 된다. 동물을 위해서만이 아니라 인간 자신의 미래를 위해서 말이다.

인수공통감염병은 동물들이 만든 것이 아니라 그들의 서식 환경을 무참히 짓밟고 파괴해온 인간이 스스로 만든 재난이다.

9장

제2의 팬데믹이
찾아온다

조류독감은 인간의 문제다

코로나19 팬데믹을 겪으면서 인류는 인수공통감염병이 그동안 이뤄놓은 문명을 한순간에 정지시킬 수도 있음을, 인류의 활동이 극도로 제한될 수 있음을 깨달았다. 그런데 사실 코로나19 이전에도 지구 생태계가 수차례에 걸쳐 보내온 경고를 인류는 미리 알아차렸어야 했다. 적어도 가금 농장의 닭, 오리 등이 대량 학살을 당하는 결과를 만들어낸 '고병원성 조류인플루엔자'를 보면서는 말이다.

과학자들은 십수 년 전부터 "조류인플루엔자AI는 태풍처럼 수시로 발생이 가능한 천재지변으로 여기고 대비해야 한다"고 지적해왔다. 한반도에서 태풍 때문에 빈번하게 인명·재산 피해가 일어난다는 것은 초등학생도 알고 있다. 매년 크고 작은 태풍이 태평양에서 발생해 한반도로 북상하므로 기상청과 정부 방재당국은 태풍이 예보될 때면 피해를 줄이기 위한 대비를 권고한다. 기상청 예보에 따라 국민들은 태풍이 북상하면 어선을 내항으로 대피시키고, 축대를 보강하고, 유리창에 신문지나 테이프를 붙여 깨지지 않도록 한다. 천재지변인 태풍을 인간의 힘으로는 막을 수 없으니 미리 대비함으로써 피해를 줄이는 것이 더 효과적이라고 판단한 것이다. 기후변화에 대응하는 것이 멀리서 달려오는 자동차를 피하는 일과 비슷한 것처럼, 조류인플루엔자 역시 막을 길이 없다면 피할 길을 마련하는 것이 상책이다.

과학자들이 AI를 천재지변에 비유하는 이유는 이동성 야생조류, 즉 철새들이 상시적으로 AI 바이러스를 보유하고 있으며, 이들의 전 세계적인 이동을 막을 길이 없다는 점에 있다. 주로 북극권에서 철새들 사이에 일어나는 AI 발생을 통제가 불가능한 인자로 보고 방역대책을 세우는 것이 마땅하다. AI 발생이 한국, 중국, 일본 등 동북아시아뿐 아니라 전 세계적인 문제임에도, AI가 발생할 때마다 '대량 살처분'이라는 대응을 매번 되풀이하는 것은 가금 축산업을 지속할 수 없게 만드는 일이기도 하다.

철새들에게는 죄가 없다. 철새들은 먼 과거로부터 조상 대대로 이동해온 경로대로 움직이면서 살아가고 있을 뿐인데, 어느 날 갑자기 철새들이 즐겨 찾던 물가에 닭과 오리 농장이 들어섰을 뿐이다. 과학자들은 철새가 직접 닭이나 오리에게 바이러스를 옮길 가능성은 낮으며 오히려 제대로 소독 처리를 하지 않고 부주의하게 농장을 드나드는 차량이나 관계자 등이 원인이라고 본다. 철새가 아닌 인간이 문제인 것이다.

새로운 팬데믹이 일어날 가능성

유엔식량농업기구FAO에서 AI가 팬데믹이 될 가능성이 있다고 경고하고 나선 것은 2016년이다. FAO 집계에 따르면 2016~2017년 고병원성인 H5N8 혈청형의 AI가 아프리카, 아시아, 유럽, 중동 등의 38개국에서 발생했다. 구대륙 지역 대부분에서 이 감염병이 유행한 것이다. 가장 위험성이 높았던 이 시기 이후에도 AI는 세계 곳곳에서 계속 발병하고 있다. 언제, 어느 지역의 발병이 시발점이 되어 코로나19바이러스처럼 전 지구를 휩쓸지 알 수 없는 상황이다.

AI가 인간에 감염된 사례는 중국이나 러시아 정도에서만 확인됐지만, 코로나19의 사례에서 보듯 바이러스는 다양한 변이를 일으킨다. 농장의 닭이나 오리에게 잠복해 있던 바이러스가 인체 감염에 적합한 형태로 변이를 일으키지 않는다는 보장은 없다. 특히 닭과 오리를 밀집해서 기르는 '공장식 축산' 방식은 바이러스가 감염·확산되고 변이를 일으키기에 적합한 환경이다. 하지만 한국을 포함한 여러 국가의 가금 축산업은 코로나19 팬데믹이나 숱한 AI 감염 사례에도 불구하고 여전히 교훈을 얻지 못한 상태다. 여전히 공장식 축산 방식으로 무수히 많은 닭과 오리를 기르고 있는 것이 현실이다.

코로나19를 '자연의 역습'이라고, 인간이 만든 기후위기가 스스로를 위협하고 있는 것이라고 반성했던 인류의 모습은 어느새 과거가 되었다. 영화 〈월드워Z World War Z〉에서 전 세계가 좀비바이러스의 피해를 입었던 것처럼 AI의 변이 형태가 언젠가 세상을 덮칠 때가 되어서야 다시 같은 교훈을 떠올리는 일이 없기를 바랄 뿐이다.

조류독감으로 인한 대량학살을 매번 마주하면서도, 언제까지 '팬데믹은 끝났다'고 안심할 것인가?

10장

사라지는 꿀벌도
기후변화 탓일까

꿀벌 실종의 엄청나게 복잡한 원인?

"꿀벌 소멸의 근본 원인은 이상기후"

"개별 양봉농가가 기후위기 대응하기 어려워"

"대표적인 원인은 기후변화"

"이상기후 영향이 큰 것으로 분석"

"급격한 기후변화가 꿀벌 실종·폐사의 원인"

2022년 한반도 자연에 발생한 일 가운데 주목을 받은 이슈가 있다. 생태계와 관련한 소식이 이목을 끄는 일이 드문 한국에서 사회적 관심이 쏠린 이슈는 '꿀벌 78억 마리 폐사 사건'이다.

농촌진흥청이 조사한 결과에 따르면 2022년 1~2월 전국에서 폐사한 꿀벌의 수는 78억 마리에 달했다. 덕분에 국내에서도 "꿀벌이 사라지면 인류도 4년 이내에 멸망한다"는 출처가 분명치 않은 경구가 회자되기도 했다(알베르트 아인슈타인이 한 말이라고도 알려졌으나 이는 사실이 아닌 듯하다). 일부 과학자들이 2035년쯤 꿀벌이 멸종할 것이라고 예측한 내용을 토대로, 꿀벌이 사라진다면 2040년쯤에는 인류가 멸망할 것이라는 섣부른 우려가 제기되기도 했다.

꿀벌 실종의 원인으로 거론되는 것은 겨울철 이상고온 현상, 바이러스, 농약(살충제), 꿀벌을 잡아먹는 아열대성 육식 곤충, 등검은말벌의 유입, 전자파 등이다. 정부와 지자체들은 이들 원인이 복합적으로 작용했을 것이라고 추측하면서도, 근본 원인은 기후변화에 있다고 설명한다. 앞서 인용한 기사 제목들은 정부기관과 지자체, 전문가들이 꿀벌 실종의 원인을 설명하면서 언급한 내용을 토대로 한 것이다.

인간이 아닌 기후변화에 책임 떠넘기기

기후변화로 인해 겨울철 이상고온 현상이 발생하면서 봉군蜂群 (벌떼)을 약화시켰다는 점, 한반도 기후가 점차 아열대 기후로 변하면서 아열대성 육식 곤충의 유입이 늘어나고 있다는 점 등을 보면 기후변화가 꿀벌 실종을 일으키는 원인이라는 주장을 부정하기는 어려워 보인다.

국내에서는 2022년이 되어서야 꿀벌 실종이 사회적 이슈로 떠올랐지만, 미국이나 유럽 등에서는 십수 년 전부터 꿀벌이 사라지고 있는 현상에 대한 경고의 메시지가 있었다. 2007년 미국에서는 1년 새 전체 꿀벌의 3분의 1에 해당하는 300억 마리가 실종되기도 했다. 당시 한순간에 벌집이 텅 비는 현상을 가리키는 '군집 붕괴'라는 신조어까지 생겨났다. 10여 년 전 영국의 한 공영방송사는 인류를 멸망시킬 수 있는 재난·재해 10가지를 꼽으면서 실현 가능성이 높은 사건으로 꿀벌 멸종을 포함시키기도 했다.

그런데 과연 기후변화만을 근본 원인이라 여기는 것이 '꿀벌 실종'에 대응하는 옳은 자세일까? 전 지구적인 동시에 인류가 당면한 문제인 기후변화에 원인을 떠넘기면서 사실 아무것도 하지 않으려는 것은 아닐까? 달리 말해 기후변화처럼 농가는 물론 지자체나 국가 단위에서도 대응하기 어렵고, 단기간에 해결하는 것이 불가능한 원인 탓만 하는 것이 '꿀벌 실종' 문제 해결에 도움이 될지에 대해서는 생각해봐야 한다. 특히 기후변화 외에도 꿀벌들에게 악영향을 미치는 여러 원인이 존재하는 상황에서 기후변화 탓만 하는 것은 무책임한 태도일지 모른다.

앞서 언급한 것처럼 미국, 유럽 등 한국보다 꿀벌 실종을 먼저 겪은 나라에서는 기후변화 외에도 중요한 원인이 '꿀벌 실종'에 영향을 미쳤다고 여기고, 그 문제를 해결하기 위한 전 사회적 노력이 이루어졌다. 국내에서도 주요 원인 중 하나로 꼽힌 '농약(살충제)' 문제가 그것이다. 살충제 중에서도 네오니코티노이드계 살충제는 꿀벌에게 엄청난 악영향을 미치는 것으로 알려져 있다. 세계적으로 광범위하게 사용되는 이 살충제는 특히 옥수수, 콩 등의 농작물 재배에 많이 사용되고 있다.

이 살충제가 꿀벌 수 감소의 원인으로 지목되면서 미국과 유럽 등에서는 사용을 금지하기 위한 시민운동이 활발하게 벌어졌고, 유럽연합은 이 농약 3종을 꿀벌에 노출될 가능성이 없는 온실에서만 사용할 수 있도록 규제한 바 있다. 유럽연합에서 이 살충제가 금지된 것은 꿀벌과 야생벌을 보호하기 위한 시민운동의 결과였던 셈이다.

하지만 국내에서는 이 살충제가 별다른 제약 없이, 지금도 도시와 농촌 곳곳에서 광범위하게 사용되고 있다. '꿀벌 실종'이 심각한 문제라는 것에는 정부, 전문가, 환경단체 모두 동의하지만, 그 원인 중 하나로 지목된 살충제는 여전히 사용되고 있는, 이해하기 어려운 일이 벌어지고 있다. 이 살충제 외에 정부·지자체 등이 방제를 위해 전국 곳곳에 살포하고 있는 살충제 중에서도 꿀벌에게 치명적인 영향을 미치는 것들이 있다는 지적도 있다.

이 살충제가 농촌이나 산림에서만 사용되는 것은 아니다. 서울시의 〈공공녹지 농약 사용현황〉 자료에 따르면 네오니코티노이드계 살충제 외에도 꿀벌에 대한 농약 위해성 평가를 통해 '꿀벌에 독성 강함'으로 분류된 농약이 전체 살포 농약의 82.5%를 차지한다. 서울시가 관리하는 남산공원, 보라매공원, 월드컵공원 등에서도 네오니코티노이드계 살충제가 사용되고 있었다.

또한 2017~2021년 5년간 서울 자치구에서는 꿀벌 떼죽음의 원인으로 지목되는 네오니코티노이드계 살충제가 평균 267kg 정도 사용됐다. 이는 전체 농약 살포량의 24.4%에 해당한다. 이런 내용이 알려지면서 서울시는 해당 살충제 사용을 중단하기로 했다.

앞서 언급한 것처럼 기후변화가 장기간에 걸쳐 한국 사회 전체가 변화하면서 대처해야 하는 문제라면, 살충제는 단기간에 해결이 가능한, 심지어 대체재도 풍부하게 존재하는 문제다. 일상에서 쉽게 해결할 수 있는 문제를 기후변화 탓만 하면서 아무런 조치도 취하지 않는 것은 옳지 않거니와 무책임한 태도이다. 모든 생태계 문제의 원인을 기후변화로 돌리기보다는 실천할 수 있는 일을 해나가면서, 기후변화 대응을 위한 구조적 변화에도 손을 놓지 않는 '투 트랙' 접근 방법이 필요하다.

**끊임없이 '남 탓'을 하며
문제를 미루기에 익숙한 인간들이
'꿀벌 실종'이라는 참사를 낳고
기후위기 또한 심화시켰다.**

11장

숨죽이고 있는
미세플라스틱 폭탄

기후변화와 미세플라스틱의 관계

최근 몇 년 사이 환경 분야에서, 그리고 우리의 실생활에서 큰 관심을 받고 있는 물질이 있다. 하천과 바다, 농경지는 물론 남극과 북극 등 극지방과 심해까지 지구 환경을 오염시키고 있는 미세플라스틱(마이크로플라스틱)이 그것이다. 생활하수와 공업용수는 물론 대기 흐름을 따라 지구 전체를 오염시키고 있지만, 아직까지 그 위해성이 제대로 밝혀지지 않았다는 점에서 미세플라스틱은 더 큰 불안감을 안겨주고 있다.

많은 이들이 국제환경단체인 그린피스가 "평균적으로 어른 한 명이 일주일간 섭취하는 미세플라스틱의 양은 신용카드 1장 무게인 5g가량으로 추산된다"고 발표한 내용을 보며 뭔가 심각한 일이 벌어지고 있다고 느꼈을 것이다. 하지만 그 '심각한 일'이 무엇인지 인류는 아직 잘 알지 못한다.

미세플라스틱은 일반적으로 5mm 미만 크기의 플라스틱 조각을 말한다. 우리의 일상생활 곳곳에 상존하지만, 미세플라스틱이 인체에 미치는 영향에 대한 연구는 막 시작되었을 뿐이다. 심각성이 알려지기 시작하면서 UN환경계획UNEP은 2014년 미세플라스틱 오염을 전 세계 10대 환경문제 중 하나라 발표했다. 하지만 미세플라스틱에 대한 연구는 아직 걸음마 단계로 생태계와 인체에 미치는 악영향은 제대로 규명되지 않았다. 미세먼지 연구 덕에 한국은 미세플라스틱 분야에서 세계적으로 앞서 있는 편이지만, 체내에 들어간 미세플라스틱이 어떻게 이동하는지, 인체에 어떤 피해를 끼치는지에 대해서는 구체적인 연구 결과를 내놓지 못하고 있다.

미세플라스틱과 기후위기는 별개의 문제 같지만 미세플라스틱의 위협은 기후위기가 가속화될수록 더 빨리, 더 심각하게 인류를 위협할 요인 중 하나다. 이미 인류에게 너무 많이, 무차별적으로 노출돼 있는 미세플라스틱의 위협을 막기 위해서라도 기후위기를 완화시킬 필요가 있는 셈이다.

과학자들이 미세플라스틱과 기후위기에 관해 내놓는 경고의 핵심은 "북극의 해빙이 녹는 속도가 빨라지면 바다의 미세플라스틱 오염도 빠르게 증가할 것"이라는 사실이다. 독일 알프레트 베게너연구소는 2018년 4월 국제학술지 《네이처》의 자매지인 《네이처 커뮤니케이션즈》에 2014년 봄부터 이듬해 여름까지 북극해 5곳에서 해빙을 채취해 분석한 결과, 5mm 미만의 미세플라스틱이 모든 해빙 조각에서 발견됐다는 논문을 게재했다. 연구진은 사람 머리카락 굵기의 6분의 1정도밖에 안 되는 미세플라스틱 조각이 해빙 1L당 1만 2,000개가량 포함돼 있었다고 설명했다. 이는 기존의 연구 결과보다 2~3배 많은 수치이다. 해빙에 포함된 미세플라스틱의 종류는 포장재부터 페인트, 나일론 등 17종에 달했다. 연구진은 해빙이 다량의 미세플라스틱을 잡아 가두는 역할을 하고 있으며, 미세플라스틱을 북극해까지 옮기는 역할까지 하고 있다고 설명했다. 인간에 의해 바다가 미세플라스틱으로 오염되기 시작하면서 해빙은 이 새로운 쓰레기의 임시저장고 같은 역할을 해왔다는 것이다.

연구진은 기후변화로 인해 해빙이 녹는 속도가 점점 빨라지면 해빙이 잡아 가두고 있던 미세플라스틱이 바다로 퍼져나가는 속도도 빨라질 것이라는 우려를 제기했다. 해빙에서 녹아 나온 미세플라스틱은 북극해의 표층수는 물론 심층수까지 오염시키고 있을 가능성도 있다. 바다로 유입되는 플라스틱의 양은 연간 800만t에 달하는 것으로 추정된다.

수돗물, 생수, 바다에 녹아 있는 미세플라스틱

이처럼 지구 전체를 오염시키고 있는 미세플라스틱에 대해 좀 더 구체적으로 알아보자. 대부분의 과학자들은 미세플라스틱을 '크기가 100nm(나노미터) 이상, 5mm 미만인 플라스틱'으로 정의한다. 많은 학자들이 나노플라스틱(초미세플라스틱)의 정의를 1nm 이상, 100nm 미만으로 사용하다 보니 자연스럽게 미세플라스틱의 하한이 100nm가 된 것이다. 100nm는 머리카락 굵기의 500분의 1 정도다.

미세플라스틱은 발생 원인에 따라 1차 미세플라스틱과 2차 미세플라스틱으로 나뉜다. 1차 미세플라스틱은 의도적으로 만든 미세플라스틱이다. 치약, 세안제, 화장품에 들어가는 플라스틱 알갱이가 대표적이다. 2차 미세플라스틱은 플라스틱 제품과 파편이 풍화·마모되며 생긴 것이다. 자연에 존재하는 미세플라스틱 대부분은 2차 미세플라스틱이다.

앞서 언급한 것처럼 인간 활동에 의해 생성된 미세플라스틱은 이미 지구 전체에 퍼져 있다. 해양은 이미 미세플라스틱 오염으로 '플라스틱수프'가 됐다는 말도 있다. 극지방에 내리는 눈과 미국 국립공원 지역에 내리는 비에도 미세플라스틱이 포함돼 있다는 연구 결과도 있다.

우리가 마시는 지하수와 수돗물, 생수에서도 미세플라스틱이 검출되고 있다. 국내의 경우 금강, 낙동강, 한강의 물과 어류에서 미세플라스틱이 확인됐고, 일부 정수장에서도 확인됐다. 국립생태원 연구진이 2020년 금강의 어류와 물을 분석했더니 폴리에스터와 폴리비닐클로라이드 등 미세플라스틱 5종류가 검출됐다. 연구진은 이를 바탕으로 금강 상류부터 하류까지 최소 3종류의 미세플라스틱(폴리에스터, 폴리에틸렌, 폴리프로필렌)이 잔존하고 있을 것이라 추정했다.

부경대학 연구진이 2019년 국립환경과학원에 제출한 보고서에 따르면 낙동강 물과 어류에서도 미세플라스틱이 발견됐다. 강물에서는 $1m^3$당 112~152개, 어류에서는 누치 한 마리당 4.3개, 밀자개 한 마리당 3.5개, 메기 한 마리당 1.7개, 붕어 한 마리당 0.9개 등이 검출됐다. 한강 본류(잠실수중보~한남대교)에서도 $1m^3$당 최대 2.2개의 미세플라스틱이 확인됐다. 또 국내 수돗물의 미세플라스틱 실태를 조사한 결과, 24개 정수장 중 21개 정수장에서는 검출되지 않았지만 3개 정수장에서는 1L당 각각 0.2개, 0.4개, 0.6개가 검출됐다.

한국은 전 세계에서도 미세플라스틱 오염도가 극심한 바다로 꼽힌다. 2018년 3월 영국 맨체스터대학 연구진이 국제학술지《네이처》의 자매지《지오사이언스》에 발표한 논문에는 한국의 인천, 경기 해안과 낙동강 하구가 세계에서 미세플라스틱 농도가 높은 곳 2위, 3위라는 내용이 포함돼 있다. 미세플라스틱 농도가 가장 높은 곳은 영국 북서부 머지강과 어웰강이었고, 4위는 캐나다 세인트로런스강, 5위는 독일 라인강 지류의 마인강이었다. 1m²당 평균 미세플라스틱 개수가 1만~10만 개 사이인 곳은 머지강과 어웰강, 인천과 경기 해안, 낙동강 하구, 세인트로런스강 등 네 곳뿐이었다. 연구진은 미세플라스틱 농도순으로 9위까지에 해당하는 지역들은 서울이나 홍콩, 중국 광둥성처럼 고도로 도시화된 곳이 포함된 강변과 해변 지역이었다고 덧붙였다.

어패류를 포함한 다양한 해양생물뿐 아니라 닭, 꿀, 맥주, 천일염, 생수, 의약품 등에서도 미세플라스틱은 검출됐다. 이 음식을 먹고 마시는 인간이 배설한 대변에서도 미세플라스틱이 검출됐다. 오스트리아 빈의과대학 연구진은 2020년 국적이 서로 다른 지원자 8명을 대상으로 미세플라스틱 검출 여부를 조사했다. 제한 없이 약 1주일 동안 자유롭게 음식을 먹게 하고, 그 기간 동안 이들의 대변 시료를 채취해 미세플라스틱을 분석했다. 실험 결과 모든 참가자의 대변에서 1g당 18~172개의 미세플라스틱이 검출됐다.

유럽에서 조개류를 즐겨 먹는 사람이 연간 섭취하는 미세플라스틱 수는 약 1만 1,000개로 추산된다는 연구 결과도 있다. 유럽인들보다 조개류를 많이 먹는 한국인의 경우 더 많은 미세플라스틱을 섭취할 가능성이 있다고 한다. 우리가 흔히 먹는 바지락이나 꼬막, 가리비, 전복 등의 내장에는 수많은 미세플라스틱이 들어 있을 가능성이 높다는 것이다.

우리의 작은 활동이 미세플라스틱을 내뿜는다

과학자들은 합성섬유로 만든 옷을 세탁할 때마다, 플라스틱 용기를 사용할 때마다, 비닐을 뜯을 때마다 미세플라스틱이 나온다고 경고한다. 우리가 일상생활에서 하루에도 수십 번씩 자연스럽게 하는 행동이 미세플라스틱의 다량 배출을 야기하고 있다. 플라스틱을 쓰는 이상, 자연을 미세플라스틱으로 오염시키는 일은 피할 수 없을 것이다.

자연 환경에 있는 2차 미세플라스틱 중 가장 많은 비중을 차지하는 형태는 미세섬유다. 해양 심층수에서 가장 많이 발견되는 미세플라스틱 쓰레기 역시 미세섬유다. 북극의 한대수역 심해에서 채취한 시료에서도 미세플라스틱의 대부분(약 95%)은 미세섬유였다. 관련 연구를 살펴보면 유럽 해양에서 발견된 미세플라스틱의 60~80%를 섬유가 차지한다. 합성섬유로 만든 의류 제품 한 벌을 세탁할 때마다 약 1,900개 이상의 미세섬유 조각이 방출되며 그중 일부는 세탁기에서 여과되기 때문에 너무 작아 배수구로 배출된다고 한다.

타이어 분진도 주요한 미세플라스틱 중 하나다. 노르웨이나 스웨덴 등은 자국 내 미세플라스틱 발생의 가장 큰 원인이 타이어 마모로 인한 것이라고 진단한다. 타이어에서 갈려 나온 플라스틱 조각은 비와 바람에 쓸려 강으로, 바다로 향한다. 해상무역의 비중이 큰 한국의 경우 선박 수송 과정에서 미세플라스틱이 가장 많이 발생할 것이라는 연구 결과도 있다.

과학자들은 종이컵에 뜨거운 물을 넣으면 코팅된 플라스틱에서 미세플라스틱이 나온다는 것과 흔히 쓰는 폴리프로필렌 소재의 아기용 젖병에 뜨거운 물을 넣을 경우 많은 양의 미세플라스틱이 나온다는 사실도 밝혀냈다. 폴리프로필렌은 국내에서 음식 배달 용기로도 널리 사용되는 재질이다.

비닐을 뜯거나 플라스틱 병의 뚜껑을 여는 매우 사소한 행동에서도 미세플라스틱이 발생한다는 연구 결과도 있다. 인류 모두는 미세플라스틱으로 오염시키는 문제에 있어 서로 가해자인 동시에 피해자인 셈이다.

미세플라스틱의 치명적 독성과 영향

그렇다면 미세플라스틱이 생태계와 인체에 미치는 악영향에는 어떤 것이 있을까? 미세플라스틱의 생태계 영향은 크게 두 가지로 나뉜다. 첫째는 미세플라스틱 입자 자체가 미치는 물리적 영향이다. 미세플라스틱의 물리적 영향으로 대표적인 것은 미세플라스틱 섭취로 인한 영양 감소, 내부 장기 손상, 염증 반응 등이다. 생물의 체내에 들어온 미세플라스틱은 소화기 내부에 상처를 입히고, 소화 작용을 약화시켜 질병 발생률과 사망률을 높일 우려가 있다. 플라스틱 입자가 작을수록 더 위험하다. 입자가 작을수록 생체조직의 장벽을 통과해 혈관이나 모세혈관에 침투할 가능성이 높기 때문이다.

두 번째는 미세플라스틱의 화학적 영향이다. 미세플라스틱에 포함된 첨가제가 침출되면서 생물에 악영향을 미치는 것이다.

미세플라스틱 첨가제가 건강에 끼치는 악영향

머리 및 목 부위
중추신경계 이상:
미세플라스틱에 침착한 중금속

비스페놀A:
에스트로겐 수용체와 결합해
갑상선호르몬의 작용 방해

복부 우측
간 손상 및 암 유발
비스페놀A: 췌장 베타세포 기능 방해
비만 작용
폴리스티렌: 위장관 선암 유발

기타 1
다환방향족탄화수소(PAHs):
암, 돌연변이 유발, 생식능력 저하

목
폴리브롬화디페닐에테르:
갑상선 기능 이상

얼굴 피부 및 가슴
안티몬(난연제):
땀샘이나 피지선 등 피부염
심혈관 독성 등 유발

사타구니
비스페놀A: 전립선암
프탈레이트: 생생계 발달장애

기타 2
노닐페놀:
생식과 성장에 악영향

자료: UN 해양환경전문가그룹(GESAMP), 한국소비자원

플라스틱에 포함된 첨가제 중 비스페놀A, 프탈레이트 등은 대표적인 내분비계교란물질(환경호르몬)이다. 비스페놀A는 갑상선호르몬의 작용을 방해하고, 생식 독성과 발달장애 및 심혈관계질환을 유발하며 유방암과 전립선암의 원인이 된다는 연구 결과가 있다. 프탈레이트는 생식계 발달장애, 기형 등 다양한 인체 질환을 유발한다.

미세플라스틱은 다른 유해물질을 옮기는 매개체가 되기도 한다. 영국 플리머스대학 연구진은 미세플라스틱이 DDT 등 여러 오염물질을 흡착해 담수에서 해양으로 옮겼다는 연구 결과를 내놓았다. 짧은꼬리슴새라는 조류에서는 플라스틱 첨가제인 폴리브롬화 디페닐에테르PBDE가 발견됐으며 홍합, 물벼룩, 제브라피시 등에서는 미세플라스틱으로 인해 체내에 대표적인 환경호르몬인 비스페놀A의 농도가 증가했다. 다환방향족탄화수소PAHs를 흡착한 미세플라스틱을 섭취한 일본 송사리에게서는 간 독성 등의 이상이 나타나기도 했다. PAHs는 한번 흡수되면 체내에 축적되고, 암과 돌연변이를 유발하며, 생식능력을 저해하는 물질이다.

또 폴리프로필렌 입자는 주변 해수보다 10만~100만 배가량 높은 농도의 발암물질을 포함한 폴리염화바이페닐PCB과 맹독성 농약 DDT의 대사산물인 DDE를 축적할 수 있는 것으로도 나타났다. PCB는 여러 동물의 면역체계, 생식능력 및 신경계에 독성을 초래하고, 간에 손상을 줄 수 있으며, 암을 유발할 수 있다. 미세플라스틱에는 잔류성유기오염물질POPs이 주변 바닷물보다 최대 1만~10만 배가량 높은 농도로 축적되기도 한다.

미세플라스틱에는 니켈, 납, 카드뮴 같은 중금속도 흡착된다. 연구 결과들에 따르면 풍화된 미세플라스틱은 원래의 플라스틱보다 중금속 흡착도가 1.5~25배가량 더 높다. 납은 어린이의 인지능력을 떨어뜨리고 신경행동학적 이상 및 발달장애를 유발하며, 수은은 신장 독성과 신경 독성을 가지고 있다. 카드뮴은 폐암과 기관지암을 유발하며, 크롬은 만성 노출 시 폐암, 호흡기 천공이나 위축증, 피부궤양을 유발한다.

미세플라스틱은 자연으로 배출된 뒤 더 잘게 쪼개져 초미세플라스틱이 되는데, 이것들이 생태계 오염과 인체에 미치는 영향에 관해서는 연구가 미진한 상태다. 스웨덴 룬드대학 연구진은 2017년 어류가 섭취한 초미세플라스틱 입자들이 뇌까지 침투해 손상을 일으킬 수 있다는 연구 결과를 발표했다. 실험실에서 동물을 대상으로 했던 연구지만, 인간에게도 초미세플라스틱이 뇌나 다른 장기에 침투해 악영향을 일으키지 않으리라는 보장은 없는 셈이다.

학계에서는 인체에 침투한 미세플라스틱과 여기서 나온 첨가제가 건강에 미칠 수 있는 영향으로 피부 자극, 호흡기 문제, 심혈관 질환, 소화기 문제 및 생식 저해효과 등을 거론하고 있다. 인간의 뇌에 대한 연구에서는 미세플라스틱이 잠재적인 세포 독성을 나타낼 수 있음이 확인됐고, 미세플라스틱이 체내에서 세포막, 태반을 지나가면서 세포 손상, 염증 등을 일으킬 수 있다는 연구 결과도 있다.

특히 초미세플라스틱은 생체의 막을 관통해 동물의 혈액세포에 영향을 미칠 수 있는 것으로 추정된다. UNEP는 2016년 5월 보고서 〈해양 플라스틱 쓰레기와 미세플라스틱〉에서 "나노 크기의 미세플라스틱은 태반과 뇌를 포함한 모든 기관 속으로 침투할 수도 있다"는 연구 결과를 소개했다. 또 스위스 프리부르대학 연구진은 2019년 폴리스티렌 기반의 초미세플라스틱을 다양한 인간 세포에 처리하여 분석한 결과 면역 시스템에 영향을 주는 것으로 나타났다고 발표했다. 초미세플라스틱이 세포 소기관인 미토콘드리아에까지 침투해 세포 활성을 저하시키고 다른 물질에 의한 독성을 증폭하는 역할을 할 수 있다는 보고도 있다. 대기 중에 떠다니는 섬유 형태의 미세플라스틱은 폐에 악영향을 미칠 가능성이 있다.

다만 미세플라스틱과 첨가제, 잔류성유기오염물질, 중금속 등이 사람의 체내 어디에 쌓이고, 어떻게 작용하며, 얼마나 쌓여야 악영향을 미치는지 등에 대한 구체적 연구는 많이 부족한 상태다. 앞서 언급한 연구들 역시 동물실험이나 사람의 세포를 대상으로 한 경우가 대부분이기 때문에 학계에서는 미세플라스틱의 독성과 인체의 관계를 명확히 입증할 수 있는 과학적 근거가 부족하다는 견해가 지배적이다. 하지만 이를 미세플라스틱이 유해하지 않다는 의미로 해석해서는 안 된다. 충분한 연구 결과가 축적되지 않아 과학적으로 엄밀하게 검증되지 않았다는 것뿐이다.

구체적인 인체 피해가 규명되지 않았다고 해서 미세플라스틱의 위험성을 과소평가해서는 안 된다. 사전예방주의 원칙에 따라 생태계와 인류는 미세플라스틱으로 인해 겪게 될 위험에 대비할 필요가 있다. 사전예방주의 원칙은 다수의 건강 또는 환경에 대한 위협이 존재하는 경우 그에 관한 과학적 불확실성이 존재하더라도 예방 조치를 취해야 한다는 의미다.

미세·초미세플라스틱은 일단 자연 중으로 배출되면 현재의 과학기술로는 다시 수거할 수 없다. 미세플라스틱 문제를 해결하려면 자연 중으로 최대한 배출되지 않도록 하는 방법밖에 없다. 당분간 미세플라스틱으로부터 완전히 자유로울 수 없다면, 더 큰 피해를 막기 위해서라도 기후변화의 속도를 늦추는 것이 인류에게 필수적인 일이라 하겠다.

미세플라스틱으로 인한 두려움에
벌벌 떠는 것보다 중요한 것은
지금 플라스틱 사용을
과감히 끊어내는 것이다.

12장
폭발 직전까지 다가온
영구동토층

얼음과 눈이 녹아내리면 일어나는 현상

지구 곳곳에서 기후변화는 인류와 생태계에 심각한 타격을 입히고 있다. 그 중에서도 북극권, 즉 북극을 중심으로 한 지구 북반구의 고위도 지역에서는 빠른 기후변화가 일어나고 있다. 북극권은 북위 66도 33분의 지점을 이은 선의 이북 지역을 말한다. 이 선 위 지역에서는 하짓날 종일 해가 지지 않고, 동짓날에는 종일 해가 뜨지 않는다.

북극권에서 일어나는 기후변화의 영향으로 대표적인 것은 얼음과 눈이 녹아내리는 현상이다. 북극의 여름철에 얼음이 어는 면적이 해마다 크게 줄어드는 현상은 매년 들려오는 소식이자 일상이 된 지 오래다. 북극의 얼음이 줄어든 것을 계기로 삼아 북극권 항로 개척에 이용하려는, 비도덕적이고 환경파괴적인 움직임도 거세지고 있다.

현재 북극권에서는 세계 평균에 비해 적어도 2배 이상 빠른 속도로 기후변화가 진행되고 있다. 특히 해빙, 즉 바다의 얼음이 줄어들기 시작한 것은 1990년대부터로, 해빙이 줄어든 만큼 늘어난 바다의 면적은 약 260만km²에 달하는 것으로 추산된다. 태양광을 반사하는 얼음과 눈이 감소하면서 자연스럽게 북극권의 물과 토지가 흡수하는 태양에너지는 증가하고, 이에 따라 기온이 상승하는 악순환이 되풀이되고 있다. 이를 '얼음-알베도 피드백ice-albedo feedback'이라고 부른다. 알베도는 지표면에서 반사되는 태양에너지의 비율을 의미한다.

그런데 북극권에서 일어나는 변화 가운데 영구동토永久凍土가 녹아내리고 있다는 점은 간과되고 있다. 북극권 해빙이 녹고 주변 지역을 덮은 눈이 사라지면서 태양열을 흡수하는 비율이 높아지는 것뿐 아니라, 광대한 넓이의 영구동토가 사라지면서 온실가스 중 하나인 메탄이 대기 중으로 방출되며 인류를 위협하고 있는데도 말이다.

영구동토는 지층의 온도가 연중 0도 이하로 항상 얼어 있는 땅이다. 북극 주변, 시베리아, 알래스카, 그린란드, 캐나다의 일부 지역, 남극 등에 존재한다. 북반구 지표의 25% 가까이 차지하는 영구동토 아래에는 대량의 탄소와 메탄이 잠들어 있다. 영구동토가 녹으면 이들 온실가스가 대기 중으로 퍼져나가게 되는 것이다.

영구동토가 녹아 일반 토양으로 변하기 시작한 것은 1980년대부터다. 앞으로 북극권 기온이 더 올라가면 영구동토가 녹는 속도가 빨라지게 되고, 이는 메탄과 탄소의 방출 속도를 더 빨라지게 할 수 있다. 메탄은 기후변화의 주범으로 꼽히는 온실가스인 이산화탄소보다 20배 이상 높은 온실효과를 일으키는 기체다.

걷잡을 수 없이 지구 전체가 뜨거워진다

과학자들이 발표하고 있는 북극권에 대한 연구 결과들은 이 지역이 기존에 예상했던 것보다 빠른 속도로 변화하고 있음을 보여준다. 미국 캘리포니아대학 어바인캠퍼스 연구진은 2019년 4월 미국국립과학원회보PNAS에 그린란드 빙하가 녹는 속도가 1980년대 이후 6배가량 빨라졌다는 연구 결과를 발표했다. 이는 인공위성 및 지상 관측, 정교한 컴퓨터 기후모델링, 덴마크령 그린란드 지역에서 1972년 이후 사라진 빙하의 양 등을 산정해 분석한 결과다.

또 알래스카의 영구동토가 융해되면서 예상한 양의 약 12배에 달하는 아산화질소가 방출되고 있다는 연구 결과도 있다. 아산화질소 역시 이산화탄소보다 100배가량 강력한 온실효과를 일으키는 기체다. 이 기체는 태양의 자외선으로부터 인류와 동식물을 보호하는 성층권의 오존층을 파괴하는 성질도 있다. 하지만 아직까지 과학자들은 영구동토의 어느 지역에서 얼마만큼의 아산화질소가 방출되는지조차 확인하지 못하고 있다. 영구동토가 녹아 대량의 메탄과 아산화질소가 흘러나오고 그 속도도 점점 빨라질 것으로 보이지만 현재로선 속수무책으로 지켜보기만 해야 하는 것이다.

영국 랭커스터대학과 케임브리지대학 등 공동 연구진은 2019년 4월 국제학술지 《네이처 커뮤니케이션즈》에 발표한 논문에서 북극권의 변화가 지구 전체 기후 시스템에서 도미노 같은 변화를 일으킬 수도 있다는 우려를 제기했다. 영구동토의 융해와 얼음·눈의 소실 등의 요소가 임계점을 넘어선 변화를 일으킬 경우, 하나만 쓰러뜨려도 전체가 무너지는 도미노처럼 연관돼 있는 다른 요소들이 영향을 주고받아 폭풍처럼 거대한 작

그린란드 남부 피오르에서 빙하가 흘러내리고 있는 모습. ©NASA

용을 일으킬 수밖에 없다는 얘기다. 이 경우 세계의 평균기온은 지금보다 약 4~5도가량 높아질 수 있는데, 이것이 바로 '찜통지구Hothouse Earth' 상태다. 이때 북극권의 기온 상승 평균치는 10도가량에 달하고, 얼음은 모두 녹아내려 지구 해수면은 그만큼 높아지게 된다. 영구동토의 융해를 머나먼 북극권의 일로만 치부해서는 안 되는 이유다.

**수만 년 동안 봉인되어 있던
온실가스가 풀려나오면
'찜통지구'는 먼 미래가 아니라 현실이 될 것이다.**

3부

피할 수 없다면
적응하라

13장

호모 클리마투스의
탄생

인류는 기후변화에 어떻게 적응해왔나

호모 클리마투스Homo-Climatus는 지구상에 출현한 이래 오랫동안 기후변화에 적응하면서 생존해온 종으로서의 인간을 말한다. 이 말을 처음 쓴 프랑스의 고고인류학자 파스칼 피크Pascal Picq는 "역사상 인간은 늘 태풍과 빙하기, 폭염과 가뭄을 극복해왔다"며 환경과 기후의 변화 속에서도 거듭 위기를 헤치고 생존해온 인류를 호모 클리마투스라고 지칭했다.

호모 클리마투스는 온실가스 증가로 인해 더워진 지구 환경을 받아들인다는 소극적 개념과는 거리가 멀다. 기후변화에 순응하거나 체념·포기한다는 뜻이 아니라 오히려 기후변화에 적극적으로 대처한다는 의미를 담고 있다. 온실가스 배출량을 감축해 기후변화 속도를 늦추고, 궁극적으로 기후변화의 정도를 제한하려는 인류 공통의 목표도 장기적 관점에서 보면 기후변화에 적응하기 위한 대책 중 하나라고 볼 수 있다.

피크의 설명대로 약 1만 년 전 빙하기가 끝나고 간빙기가 오면서 본격적인 농경이 시작된 신석기 시대까지 거슬러 올라갈 필요도 없다. 기후변화가 인류의 운명에 끼친 영향은 인류 역사 곳곳에서 확인할 수 있다. 원래 중앙아시아의 유목민족이었지만 가뭄으로 삶터를 잃은 훈족의 이동은 이들에게 밀려난 동고트족, 서고트족, 반달족, 프랑크족 등 게르만족의 서유럽 대이동을 낳았다. 게르만족의 대이동은 급기야 게르만 용병대장 오도아케르가 로마제국을 멸망시키는 결과까지 낳았다. 기후변화가 기원후 4세기부터 5세기 사이 유럽의 역사를 통째로 바꿨던 것이다.

기후변화로 인한 민족과 국가들 부침의 폭도 컸다. 여름마다 범람해 비옥한 흙을 쌓아주는 나일강 주변에 문명을 이룩한 이집트인들이나 티그리스강·유프라테스강에서 관개농업을 발전시킨 수메르제국은 기후변화에 잘 적응한 나라들이다. 반대로 갑작스러운 가뭄으로 멸망한 미케네문명이나 중앙아메리카의 마야문명 등은 기후변화 적응에 실패했다고 할 수 있다.

가깝게는 2010년을 전후해 중동의 여러 국가에서 민주화 시위가 들불처럼 번졌고, 이후 시리아 난민 사태가 지속되고 있는 밑바탕에도 기후변화로 인한 식량 위기가 주요한 원인으로 작용하고 있다. 과거 동쪽으로 페르시아만 평야부터 티그리스·유프라테스 유역을 거쳐 이집트 나일강의 평야까지 한때 '비옥한 초승달 지대'라 불렸던 지역에서는 매년 수만 명이 고향을 등져왔다. 고온건조한 기후 탓에 수로가 말라붙고, 농사가 불가능해져 고대문명의 발생지였던 땅이 황량하게 변한 것이다.

기후변화를 맞이한 한반도의 현실

우리가 살아가는 한반도 역시 기후변화의 직격탄을 맞은 곳이고, 적응의 필요성 또한 높아지고 있다. 기성세대라 할 수 있는 40~50대가 초·중·고등학교 시절 사회·지리 교과서에서 배웠던 식생과 수산물 분포도는 완전히 달라졌다. 농촌진흥청 국립원예특작과학원이 발표한 '주요 작물의 재배 한계선'을 살펴보면, 1980년대 대구에서 재배된 사과는 21세기 들어 경기 포천이나 강원 북부에서도 재배된다. 같은 기간 동안 녹차는 전남 보성

북상하는 주요 작물 재배지

1980년대 ➡ 2020년대

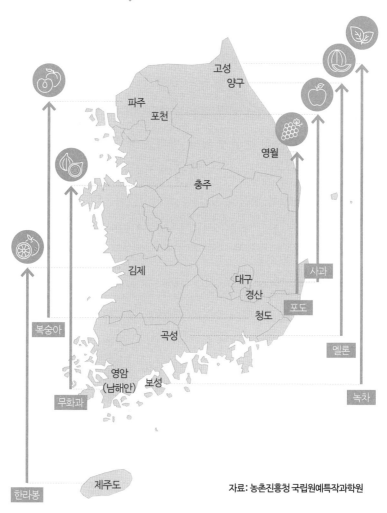

고성
양구
파주
포천
영월
충주
김제
대구
경산
청도
곡성
영암
(남해안)
보성
제주도

복숭아
무화과
한라봉
사과
포도
멜론
녹차

자료: 농촌진흥청 국립원예특작과학원

에서 강원 고성으로, 무화과는 전남 영암에서 충북 충주로, 복숭아는 경북 청도에서 경기 파주로 재배지가 북상했다.

해수면 온도가 가파르게 오르면서 따뜻한 바다에 살던 난류성 어류가 북상함에 따라 바다 생태계도 빠르게 변하고 있다. 난류성 어류인 전갱이는 월동지인 동중국해로 가지 않고 겨울에도 남해 연안에 머문다. 난류를 따라 남해에서 잡히던 멸치는 울릉도 근해에서 어획되고, 일본 혼슈 이남에 살던 다랑어는 울산 앞바다에서도 꾸준히 잡히게 됐다. 반대로 과거 서민들의 찌개거리였던 한류성 어류 명태는 1990년대 이후 남한 수역에서 '씨가 말라버린' 어종이 되었다. 난대성 해파리들이 여름철마다 해수욕장에서 독소 묻은 촉수로 사람들을 공격하는 현상 역시 수온 상승에 따른 것이다.

국립수산과학원 조사에서 한반도 해역의 표면 수온은 1968년부터 2010년까지 1.29도나 오른 것으로 확인됐다. 100년 사이 0.5도가 오른 세계 바다의 수온 상승 속도를 웃도는 수치다. 2023년 한반도 해역의 표층 수온은 연평균 19.8도로 역대 가장 높은 수치를 기록했다. 이는 2000~2020년 평균에 비해 0.6도 높은 것이다.

이처럼 기후변화의 속도가 빨라지고 있지만 한국 정부와 지방자치단체들의 기후변화 적응 대책은 탁상공론에 머물고 있는 것이 현실이다. 한국 정부와 지자체의 기후변화 적응 대책이 틀을 갖추기 시작한 것은 2010년부터다. 이때 2011~2015년에 적용되는 '1차 적응계획'을 마련했고, 2024년 현재는 2021년부터 2025년까지 적용되는 '3차 적응계획'이 적용되고 있다. 계획 마련에 있어서는 선진국보다 첫발을 일찍 내딛은 셈이지만, 실제 적용 여부는 별개의 문제다.

기후적응에 실패한 동식물들의 최후

사실 기후변화 적응 실패의 대표적인 사례는 인간이 아닌 동식물들이다. 동식물들에겐 기후변화에 대한 책임이 없지만, 그들은 적응할 새도 없이 멸종위기에 놓였다. 인간이 일으킨 기후변화는 동식물들이 서식 환경에 적응해온 속도보다 훨씬 빠르게 진행되고 있다. 과학자들은 기후변화가 가속화되면서 20분마다 하나씩 생물종이 사라지고 있는 것으로 추정한다. 인류가 찾아내 이름을 붙이기도 전에 사라지는 동식물도 많을 것이라는 얘기다.

기후변화에 적응하지 못한 생물종은 지구상에서 사라질 수밖에 없다. 특히 식물은 기후변화의 가장 큰 피해자이다. 동물에 비해 이동 가능성이 극히 낮기 때문이다. 씨나 열매를 넓게 퍼뜨릴 수 있는 종은 살아남을 가능성이 높지만, 하나의 서식 환경에 오랫동안 적응해온 터라 다양한 환경에서 종이나 종자를 멀리 퍼뜨릴 수 없는 종은 멸종하기 쉽다. 식물학자들은 2050년쯤에는 현재 지구 식물종의 15~37%가 사라질 것으로 전망한다. 하지만 앞서 말했듯 국내에서의 기후변화가 생태계에 미치는 영향에 대한 연구는 아직 걸음마 단계다. 국립생태원의 장기 모니터링은 2014년에 시작해 이제 겨우 10년째를 맞았을 뿐이다. 10년은 긴 시간이지만 장기적인 생태계 변화에 있어서는 걸음마를 뗀 수준에 불과하다.

440만 년 전 나무에서 내려와 두 발로 섰던 인류의 조상처럼 인류는 '호모 클리마투스'가 되어 또 다시 기후변화 적응이라는 새로운 도전에 나서야 한다. 적응하지 못할 경우 인류에게 남는 것은 스스로 만든 기후변화에 대책 없이 휩쓸려 가는 것뿐이다.

**기후변화에 적응하지 못한 생물종이
20분마다 하나씩 사라진다.
우리도 제대로 적응하지 못한다면,
이들과 같은 운명을 맞이할 것이다.**

14장

기후적응에 성공한
호모 사피엔스

역사상 가장 거대한 화산 폭발

앞선 장까지 기후변화로 인해 벌어지는 일들과 그로 인한 암울한 전망들에 대해 다뤄왔다면, 이번 장에서는 조금은 희망적인 이야기를 해보고자 한다. 바로 파멸적인 기후변화에 적응해 살아남은 인류의 조상들에 대한 이야기다.

인류의 첫 조상으로 여겨지는 '아르디ardi'가 아프리카에 처음 등장한 440만 년 전 이후 인류는 크고 작은 기후변화로부터 위협을 받아왔다. 빙하기와 간빙기를 비롯한 장기적인 변화 속에서 적응하지 못한 인류의 조상들은 도태됐고, 극소수만이 살아남았다. 끈질기게 생존해 지구 전역에 후손을 퍼뜨린 이 극소수는 현생 인류, 즉 우리의 조상인 '호모 사피엔스Homo sapiens'다.

아르디는 아프리카 에티오피아에서 발견된 '아르디피테쿠스 라미두스Ardipithecus ramidus'의 줄임말로 현재까지 발견된 화석인류 중 가장 오래된 것이다. 아르디 이전에는 300만 년 전 아프리카에 살았던 오스트랄로피테쿠스Australopithecus(루시Lucy)가 가장 오래된 인류의 조상으로 여겨졌다. 할리우드 배우 스칼렛 요한슨과 한국 배우 최민식이 출연한 영화 〈루시Lucy〉는 인류의 조상 중 루시를 모티브로 한 작품이다.

아르디가 아프리카에 나타난 때로부터 400만 년도 더 지난 약 7만 4,000년쯤 전에는 짧은 시간 동안 찾아와 인류에게 오랫동안 파멸적인 영향을 미친 기후재앙이 있었다. 비교적 느리고, 완만하게 진행된 과거의 기후변화나 현대의 인위적으로 만들어진 기후위기와는 사뭇 달랐던 이 재앙은 슈퍼 화산 중 하나로 꼽히는 인도네시아 수마트라 북쪽 '토바 화산'의 폭발이었다. 과학자들은 토바 화산 폭발을 과거 200만 년 동안 일어난 것 중 가장 큰 폭발로 여긴다.

온화한 기후를 찾아 이주하는 인간

아프리카를 떠나 아시아, 유럽, 중동 등에 흩어져 살던 인류의 조상들은 토바 화산 폭발 당시 처음 겪어보는 재앙으로 인해 두려움에 떨었을 것이다. 회색 먼지가 하늘을 뒤덮어 햇빛을 가리는 날이 이어지면서 식물들은 말라 죽어가고, 이를 먹이로 삼는 초식동물들도 굶어 죽었을 것이다. 이런 날이 이어지면서 초식동물을 잡아먹고 사는 육식동물, 그리고 수렵이나 채집에 의존했던 인류의 조상들은 기아에 허덕일 수밖에 없었을 것이다. 이는 토바 화산이 위치한 동남아시아뿐 아니라 지구 대부분 지역에서 벌어졌을 상황이다.

이처럼 슈퍼 화산이 폭발하거나 핵전쟁이 벌어지거나, 큰 규모의 소행성이 지구에 충돌하는 사태가 발생하면 두꺼운 먼지층이나 대량의 화산재가 햇빛을 가리면서 지구 전체의 기온이 크게 낮아진다. 이 같은 상황에서의 지구 기후를 '핵겨울' 또는 '화산겨울'이라 부른다. SF영화 〈매트릭스〉에서 기계들과의 전쟁에서 승리하려는 인류가 기계들의 동력원인 태양빛을 가리기 위해 전 지구의 하늘을 인위적으로 덮어버리는 장면을 떠올리면 쉽게 이해할 수 있을 것이다.

토바 화산이 폭발한 뒤 화산이 있던 위치에는 제주도 정도 크기의 토바 호수가 생겼다. 토바 화산을 포함해 미국 옐로스톤, 뉴질랜드 타우포 화산, 일본 규슈의 아이라 칼데라 같은 초대형 화산들을 흔히 '슈퍼 화산'으로 분류하는데, 이는 폭발할 때 분출하는 마그마와 화산재 등을 기준으로 한 것이다. 슈퍼 화산들은 화산폭발지수VEI가 8인데 이는 화산 분출물의 양이 1,000km³ 이상이면서 화산재 분출 높이가 25km 이상인 경우를 말한다. VEI는 화산이 분출한 마그마, 화산재 등의 양과 화산재가 분출되는 높이 등으로 화산의 폭발력을 측정하여 나타낸 수치이다.

토바 화산의 폭발은 지구상 생명체 대부분의 생존을 위협했다. 폭발 이후 지구 평균온도는 4~5도가량 낮아졌으며 오랜 기간 여름이 없는 화산겨울이 이어졌던 것으로 추정된다. 미국 럿거스대학 연구진이 2009년 발표한 논문에서는 당시 지구 평균기온이 7도가량 낮아졌으며 해안가 이외의 지역에 거주하는 인류 대부분은 생존에 위협을 받았을 것이라는 연구 결과가 제시됐다.

하지만 이 같은 핵겨울, 화산겨울을 겪으면서도 현생 인류의 조상 호모 사피엔스는 살아남았다. 미국 애리조나주립대학 연구진이 2018년 3월 국제학술지《네이처》에 발표한 논문에 따르면 연구진은 토바 화산에서 약 8,937km 떨어진 남아프리카 해안 피나클 포인트에서 토바 화산의 흔적을 찾았다. 이 지역에서는 약 9만~5만 년 전 사이의 지층 두 곳에서 화산 분출 흔적인 미세한 유리조각이 발견됐다. 서로 떨어져 있는 지층들에서 약 7만 5,000~7만 4,000년 전의 유리조각이 발견된 것을 통해 연구진은 이 지역까지 토바 화산 분출의 영향이 미쳤음을 확인할 수 있었다. 피나클 포인트는 현재까지 발견된 것들 중 토바 화산 영향력의 가장 넓은 범위를 보여주는 지점이다.

연구진은 피나클 포인트가 당시 다른 지역에 비해 화산겨울의 영향을 덜 받았으며 비교적 온화한 기후 덕분에 바다에는 식량 자원이 풍부했을 것으로 추정했다. 이곳이 인류의 유일한 피난처였을 수 있다는 것이다. 이곳에 피난해 집단 거주했던 인류는 살아남았을 가능성이 높다. 과거의 다른 연구에서도 이 지역은 화산겨울의 영향을 덜 받았을 것이라고 추정했다. 이는 앞으로 가속화될 기후위기로부터 인류가 살아남기 위해선 변화의 속도를 늦춰 인간에게 온화한 기후를 유지해야 한다는 교훈을 일깨우는 내용이기도 하다.

남아프리카 해안을 피난처로 삼아 극소수가 생존했던 인류는 언제부턴가 다시 번영을 이뤘을 것이다. 이 지역의 지층에서는 열처리된 석기와 동물의 뼈 등 40만 점이 넘는 인류의 유물과 불이 사용된 흔적이 발견됐다. 과학자들은 이곳에 살던 인류가 화산겨울을 견뎌내고, 수천 년 동안 기술적 혁신을 이뤄내며 번영했을 것으로 보고 있다. 기후변화 속에서도 생존을 위한 최적의 기후 조건을 찾아내 이를 발전 계기로 삼은 조상들의 지혜에서 후손인 현생 인류는 '적응'의 중요성을 교훈으로 얻어야 할 것이다.

기후변화는 어떻게 인간을 자극했나

학계에서는 유전적 분석 결과에 따라 현생 인류가 약 6만 년 전 아프리카를 나온 수천 명가량의 조상들로부터 퍼져 나온 자손들인 것으로 추정한다. 그 이전에 아프리카를 떠난 인류가 현재까지 이어지지 못한 결정적인 이유로 과학자들은 토바 화산에 의한 괴멸적인 피해를 들고 있다. 인류가 아프리카를 떠나 유럽, 아시아 등으로 퍼져나간 시기는 연구가 거듭되면서 계속 앞당겨지고 있다. 가장 최근 연구에서는 현재의 이스라엘 지역에서 인류가 약 20만 년 전쯤 아프리카를 떠나기 시작했을 것이라고 추정할 수 있는 턱뼈 화석이 발견됐다.

2018년 국제학술지 《사이언스》에는 급격한 기후변화가 초기 현생 인류의 발전을 촉진시켰을 것이라는 연구도 발표됐다. 미국 스미스소니언국립자연사박물관 등 국제 공동 연구진은 2018년

화산 폭발로 인해 생겨난 토바 호수와 사모시르섬의 위성 사진. ©NASA

3월 발표한 논문에서 현생 인류의 진화가 시작된 약 32만 년 전 아프리카 동부 지역 환경과 생태계에 큰 변화가 일어났으며 이것이 인류 진화를 촉진시켰을 가능성을 제기했다. 연구진은 이 당시 환경적 요인이 인류의 조상을 압박하면서 광범위한 이주가 일어났고 교역이 시작되며 새로운 도구를 제작하는 등 기술 혁신을 일으켰을 가능성이 있다고 설명했다. 즉 인류의 조상은 급격한 기후변화에 빠르게 적응하면서 발전을 이뤄냈다는 것이다.

연구진이 인류 조상의 흔적을 발견한 아프리카 동부 케냐의 올로르게사일리에Olorgesailie 분지의 지층을 분석한 결과 80만 년 전까지는 대부분이 습한 상태와 마른 상태가 자주 반복됐던 지역으로 나타났다. 토양 성분의 탄소동위원소를 분석한 결과 32만 년 전쯤 이 지역은 광활한 초원으로 변화했다. 포유동물 종에도 극적인 변화가 일어났다. 대형 포유류 가운데 코끼리나 말 등이 사라진 반면 작은 포유동물이 그 자리를 차지했다. 연구진은 이것이 당시의 기후변화를 나타내는 증거라고 보고 있다.

급격한 기후변화로 인해 당시 수렵이나 채집으로 살아갔던 인류의 조상은 음식을 손에 넣을 수 있을지 여부가 불투명한 상황에 놓였을 것이다. 결국 먹거리를 찾아 장거리 이동에 나서면서 인류는 정보 수집, 자원 교환 등의 사회적 교류를 시작했을 것이다.

고고학적 증거들이 이를 뒷받침한다. 연구진이 찾아낸 올로르게사일리에 분지의 인류 흔적을 보면 이 시기 이전 인류 조상이 만든 도구는 대부분 이 분지 인근의 반경 5km 범위에서 채취한 재료로 만들어졌다. 그러나 약 32만 년 전부터는 도구의 재료들이 수십km가량 떨어진 지역에서 채취한 흑요석으로 대체됐다. 이는 장거리 이동과 교역의 가능성을 나타낸다. 연구진은 이 발견이 기존 연구보다 호모 사피엔스가 나타나 발전했던 시기를 수만 년 더 앞당긴 것이라고 설명한다.

**인류의 역사는 '기후변화 적응'의 역사였다.
최적의 기후 조건을 찾아낸 조상들의 지혜를 따라
우리도 지금의 기후위기를 극복할
'적응의 역사'를 만들어가야 한다.**

15장

재난 수준의
더위를 견디는 법

전 세계적으로 뜨거워지는 여름

유럽의 여름은 나라마다 조금씩 다르지만 낮 기온이 30도 이상으로 올라가지 않는 경우가 많다. 한국의 여름 날씨를 기준으로 보자면 유럽의 여름은 '선선한 날씨'에 가까울 것이다(이 때문에 유럽인들이 한국인들보다 기후위기에 민감하게 반응한다고 보는 사람도 있다). 여름철 낮 최고기온이 35도에 이르면 유럽에서는 폭염이 찾아온 것으로 보고, 이 같은 이상고온을 '열파heat wave'라고 부른다. 최근 유럽에서는 열파가 찾아오는 빈도가 늘어나는 것은 물론 그 강도 역시 점점 세지고 있다.

2022년 여름 영국에서는 이상고온이 찾아오면서 역대 최고기온 기록을 잇달아 경신하는 일이 벌어졌다. 영국 기상청은 영국 곳곳의 낮 기온이 40도를 넘어섰다며 매일같이 낮 최고기온이 영국 역사상 최고치를 기록했다고 밝혔다. 종전의 최고기온은 2019년 케임브리지의 38.7도였다. 영국 역시 과거에는 여름철 온도가 대체로 25도 안팎이었다.

영국에게 2022년은 연평균기온이 처음으로 10도를 넘어 10.03도를 기록한, 영국 역사상 가장 따뜻한 해로 기록됐다. 종전의 기록은 2014년 9.88도였다. 당시 영국에서는 한 백화점의 선풍기와 에어컨 판매량이 각각 전년 대비 250%와 525% 급증하기도 했다.

이 같은 '히트웨이브' 현상은 2022년 영국뿐 아니라 유럽 전역을 덮쳤고, 뜨거워진 공기 탓에 산불도 곳곳에서 일어났다. 2022년 7월에는 유럽 대부분 지역에서 산불이 발생하기도 했는데, 이 산불로 인해 프랑스, 스페인, 포르투갈, 그리스에서 수만 명의 이재민이 발생하기도 했다.

열사병과 전쟁을 벌이는 나라들

이같이 이상고온이 찾아오는 것은 한국처럼 냉방설비가 갖춰져 있지 않은 유럽 서민들에게 더위의 고통을 가중시키는 일이기도 하다. 가정은 물론 오래된 지하철 역시 에어컨 같은 냉방설비가 설치돼 있지 않기 때문이다. 이로 인해 런던교통공사는 더운 공기로 가득 찬 지하철 역사 앞에서 승객들에게 생수를 공짜로 나눠주는 'STAY COOL(시원하게 유지하라)' 캠페인을 벌이기도 했다. 적잖은 영국인들이 30도를 넘는 더위에 대한 적응력이 떨어질 수밖에 없다는 점을 고려한 캠페인이었다.

냉방설비 부족으로 인해 상대적으로 무더위에 취약할 수밖에 없는 유럽인, 특히 고령층에게 물을 많이 마시고 체온을 유지하는 것은 목숨과 직결된 일이기도 하다. 여름철 기온이 40도를 오르내리면서 7만여 명이 숨진 2003년 폭염 때도 유럽 사망자의 상당수는 75세 이상 고령자였다. 7~8월 장기간 여름휴가를 떠나는 프랑스에서는 휴가를 갈 여유가 없는 이들, 특히 가난한 노인들에게서 피해가 높게 나타났다.

영국의 비정부기구 영파운데이션Young Foundation의 보고서 〈열파: 노인 복지에 있어 2003년 프랑스 열파의 영향〉은 "노동인구가 휴가를 떠나고 사람이 없는 곳처럼 변한 마을에서 휴가를 갈

경제적 수단이 없는 이들, 특히 갈 곳이나 의지할 곳이 없는 노인들"을 폭염의 최대 피해자로 언급했다. 특히 보건의가 없는 프랑스 일부 지역에서 젊은 층에 비해 체온 조절이 상대적으로 어려운 노인들의 피해가 컸다. 중동이나 아프리카의 고온건조한 지대뿐 아니라 선진국 대도시에서도 사람들의 체온을 지켜주는 '생명수'로서 수분 공급의 중요성은 점점 커지고 있다.

유럽뿐 아니라 가까운 일본도 해마다 급증하고 있는 열사병과의 '여름 전쟁'을 치르고 있다. 일본 전역에서 여름철 열사병에 걸린 사람은 매주 1만 명 단위를 훌쩍 넘어서고, 이 가운데 수십 명이 목숨을 잃는다. 이들 중 다수는 프랑스와 마찬가지로 고령층이다. 일본에서도 여름철 기온이 높은 곳으로 유명한 효고현 도요오카시에서는 2011년 이전에는 40여 명 수준이던 열사병 환자가 2012년 이후에는 60~70명으로 증가하기도 했다.

열사병 환자의 절반 가까이가 고령층이다 보니 일본 정부나 각 지자체가 내놓는 대책도 겉돌기 일쑤다. 도쿄에서는 시민단체와 도쿄도가 손잡고 형편이 어려운 대학생이나 20~30대 직장인이 독거노인 집에 같이 살면서 돌보는 대책도 선보였지만, 독거노인들의 '고독사'는 좀처럼 줄지 않고 있다. 65세 이상의 독거노인일수록 발견이 늦어 목숨이 위태로워지는 경우가 많기 때문이다.

이를 예방하기 위해 일본의 공영방송인 NHK 등 방송과 신문에서는 "지겹다"는 반응이 나올 정도로 여름철 수분 섭취와 에어컨 사용의 중요성을 강조하고 있다. 하지만 노인일수록 열사병에 대한 경고를 무시한다는 점이 문제다. 특히 절약이 몸에 밴 농어촌 노인들은 에어컨이나 선풍기가 있어도 잘 사용하지 않는다. 일본 도요오카시 건강증진과에 따르면 "기온이 높을 것으로 예상되면 시 전체에 들리도록 방송을 하고, 노인들 집에 방문해 설명도 하지만 고령층의 열사병 환자는 계속 늘어나고 있다"고 한다.

물론 기후적응을 한답시고 무턱대고 에어컨을 사용하면 온실가스가 쏟아져 나오는 것 아니냐는 우려의 목소리도 있다. 그러나 이 장에서 소개할 '무더위쉼터'와 같은 사례는 도시의 각 가정이나 매장에서 에어컨을 사용하는 것과는 다른, 사회복지 시스템의 차원에서 농어촌 지역이나 빈민·노인 등 사회적 약자층에 집중된 정책임을 감안해야 한다. 즉 인구가 밀집된 도시 공간에서는 에어컨 사용을 적극적으로 줄이면서 폭염의 직격탄을 맞는 농어촌 지역의 노인들에게는 에어컨 사용을 권장하는 것이 보다 균형 잡힌 기후적응 정책의 방향일 것이다.

한국은 폭염에 어떻게 대응하고 있는가

한국 역시 빠르게 고령인구가 늘어나고, 독거노인 수도 가파르게 증가하는 것을 감안할 때 여름철 열사병 대책이 시급한 상황이다. 이미 국내에서는 여름철 전기료를 내기도 힘든 빈곤층 독거노인들의 에너지 복지가 여론의 도마에 오르고 있다. 기후변화 적응은 환경적으로 풀어가야 할 문제인 동시에 사회 전체의 복지 체계를 통해서도 해결해야 하는 과제인 셈이다.

노인들뿐 아니라 실외에서 일하는 노동자들 역시 폭염 피해에 직접적으로 노출돼 있는, 즉 기후변화 적응 대책을 통한 보호가 필요한 이들이다. 질병관리청 통계를 보면 2023년 여름 사망자 32명을 포함해 2,818명의 온열질환자가 신고됐는데, 연령별로는 50대가 601명(21.3%)으로 가장 많았고, 60대가 514명(18.2%)으로 뒤를 이었다. 온열질환에 걸린 장소를 살펴보면 실외에서 2,243명(79.6%), 실내에서 575명(20.4%)의 환자가 발생한 것으로 나타났다. 실외작업장이나 논밭에서 발병한 경우도 각각 913명(32.4%), 395명(14.0%)이었다. 연령이 높을수록, 야외에서 일할수록 온열질환에 취약한 셈이다. 특히 근무시간 내내 실외에서 일해야 하는 건설 현장의 노동자들은 폭염에 취약할 수밖에 없다.

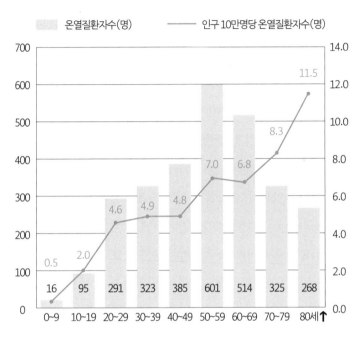

하지만 한국의 기후변화 적응 대책으로서의 폭염 대응은 경로당을 폭염 쉼터로 활용하고, 횡단보도에서 신호등을 기다릴 때 더위를 살짝 피할 수 있는 그늘을 설치하는 등의 수준에 머물고 있다. 시민들이 버스를 기다리면서 더위를 피할 수 있는 스마

트정류장을 설치한 곳도 있긴 하지만, 아직은 일부 지자체의 시범 사업에 그치고 있다. 아직까지는 건설 현장이나 논밭 등에서 일하는 이들을 위한 실효성 있는 대책을 찾아보기도 어렵다.

폭염이 전국을 덮친 2023년 7월 6일 경상도의 무더위쉼터 20여 곳을 방문해 해당 지역 주민들이 무더위쉼터를 효과적으로 이용하고 있는지를 살펴보았다. 결론부터 말하면 무더위쉼터 가운데 제대로 기능을 하는 곳은 3분의 1에도 미치지 못했다. 무더위쉼터가 시민들의 피부에 와닿는 기후위기 적응 정책이자 온열질환 피해자를 크게 줄일 수 있는 대책임에도 실효성은 그다지 높지 않았다.

명목상으로만 존재하는 무더위쉼터는 온열질환 피해로 고스란히 이어지고 있다. 경남 밀양에서는 2022년 16명의 온열질환자가 발생했는데, 인구 10만 명당 온열질환자 발생 수로 따지면 전국 평균의 5배가 넘는 수치다. 농촌 지역일수록 무더위쉼터가 제 기능을 하지 못하고 있음을 보여주고 있다.

2023년 여름 직접 확인해보니, 밀양과 청도 등의 농어촌 마을에서는 주민들이 사는 주택으로부터 무더위쉼터까지의 거리가 가까우면 5~15분, 멀면 20분이 넘게 걸리기도 했다. 폭염을 뚫고 노인이 이동하기엔 먼 거리였다. 몸이 불편한 노인 대부분은 시원한 경로당까지 가지 못하고, 집에서 더위를 견딜 수밖에 없어 보였다.

한 경로당에서는 90세가 넘은 할머니 한 분이 30도를 훌쩍 넘어선 더위 속에서도 에어컨을 켜지 않은 채 버티고 있었다. 할머니께 에어컨을 왜 켜지 않느냐고 묻자, "에어컨을 켤 줄 모른다"는 답이 돌아왔다. 에어컨을 켤 줄 아는 젊은 사람들이 유입되어야 70~80대 노인들과 함께 에어컨을 켜고 더위를 피할 수 있는 것이다.

또 다른 마을에서는 가만히 서 있기도 힘든 폭염 속에서 한 70대 할머니가 밭에 쭈그리고 앉아 일을 하는 모습을 보기도 했다. 다른 할머니가 왜 경로당에 안 가느냐고 묻자 "조금만 더 하고 가려고"라는 답이 돌아왔다. 젊은 사람도 움직이기 힘든 날씨에 노인들이 농사일을 하다가 온열질환에 걸리는 경우가 왜 많은지 짐작할 수 있었다.

제대로 활용되지 못하는 무더위쉼터들

국내 농어촌 마을의 무더위쉼터들은 이용 실태가 천차만별이었다. 전기료 부담 없이 더위를 피할 수 있음에도 제대로 활용되지 못해 텅 비어버린 무더위쉼터도 여러 곳 있었다. 반면 민가가 밀집돼 있고 경로당이 가까운 동네에선 10명이 넘는 노인들이 에어컨을 켜고 휴식을 취하기도 했다.

행정안전부의 〈전국 시도별 무더위쉼터 현황〉을 보면 무더위쉼터의 개수는 6만 247곳인데 이 가운데 실내는 5만 3,411곳, 실외는 6,836곳이다. 대부분 지역의 무더위쉼터는 마을회관, 경로당, 주민센터 등에 마련되어 있다.

여기서 살펴봐야 할 부분 중 하나는 '실외 무더위쉼터'다. 국내 무더위쉼터의 11.35%를 차지하는 실외 무더위쉼터는 폭염 상황에서 더위를 피할 수 있는 장소가 되기 어렵다. 대체로 마을 정자나 나무 그늘 등을 무더위쉼터로 지정해놓았을 뿐이기 때문이다.

경북 청도군 청도읍의 오누이공원, 경남 밀양 시내의 밀양아리랑 대공원 등은 정자가 무더위쉼터로 지정돼 있다. 하지만 찌는 듯한 무더위를 피할 수 있는 장소는 아니었다.

주민센터, 행정복지센터 등도 무더위쉼터로 지정돼 있고 에어컨이 항상 켜져 있지만 실효성이 없기는 마찬가지다. 주민센터에서는 매우 적은 수의 민원인만이 담당 공무원 앞에 앉아 민원을 처리하고 있을 뿐 더위를 피해 방문한 이는 없었다. 방문했던 무더위쉼터 중에는 아예 문이 잠겨 있는 곳도 있었다.

이처럼 유명무실한 데다가 지역별 특성과 인프라에 따라 그

수효가 수십 배가량 차이가 난다는 것도 문제다. 국토연구원의 무더위쉼터 관련 보고서를 보면 100명당 무더위쉼터 수는 경상남도의 경우 행정동 간 차이가 최대 43.6배에 달하기도 했다. 이는 실효성이 낮은 실외 무더위쉼터도 포함한 결과다.

지역 내에 무더위쉼터를 지정해놓지 않았거나 1~2곳만 지정해놓은 곳도 많다. 행정안전부 국민재난안전포털에서 확인해보니 경북 상주 지천동, 김해시 장유동, 문경시 불정동의 경우 무더위쉼터가 한 곳도 없었다. 김해시 강동·수가동·신문동, 문경시 우지동, 밀양 남포동 등은 동 단위면서도 무더위쉼터가 한 곳뿐이었다. 대중교통 인프라가 부족한 지방의 경우 걸어서 20~30분 거리를 가야 무더위쉼터가 있다 보니 폭염이 덮친 날 무더위쉼터는 무용지물일 수밖에 없다.

이처럼 폭염 상황에서 시민들의 목숨을 살릴 수 있는 매우 중요한 수단임에도 불구하고 제대로 운영되지 못하고 있는 무더위쉼터는 한국의 기후변화 적응 정책의 현주소를 보여주는 것일 테다. 다음과 같은 국토연구원 보고서의 지적을 귀담아 들을 필요가 있는 이유다.

지역의 한정된 예산으로 인해 무더위쉼터, 그늘막 설치 등과 같은 가장 대표적인 폭염 대비책도 지역에 따라 불평등하게 적용되는 일이 발생하고 있다. 국가 차원에서 지역의 제도적 형평성에 대한 부분을 고려할 필요가 있다.

기후적응에도 '불평등'이 존재한다.
해를 거듭할수록 빨리 찾아오는 여름 앞에서
누군가는 아무런 거리낌 없이 에어컨을 켜고,
누군가는 에어컨을 켤 줄 몰라 더위에 시달린다.

16장

위기이자 기회가 될
해수면 상승

인간의 상상을 뛰어넘는 자연재해

기후변화로 인해 전 지구의 해수면이 상승하고 있고, 그 속도는 갈수록 빨라지고 있다. 가까운 미래에 해안가 지역의 상당 부분이 바다에 침수될 것이라는 얘기는 상식이 된 지 오래다. 장기적으로는 온실가스를 저감해 기후변화 속도를 늦추는 게 필요하지만, 당장 몰려오는 바닷물을 막을 방법은 제방밖에 없다고 여겨지기도 한다.

태평양이나 인도양의 섬나라부터 영국이나 네덜란드 등 국토가 바닷물로 침수되고 있는 나라들까지 제방 관련 정책에 힘을 쏟는 것도 그 때문이다. 그러나 점점 상승하는 해수면이 언젠가는 제방의 높이를 넘어설 수도 있다는 점을 감안하면 제방은 근본적인 대책이 될 수 없다.

기후변화 때문에 발생한 것은 아니지만, 일본에서는 2011년 3월 11일 규모 9.0의 동일본대지진으로 인한 지진해일(쓰나미)이 해안가를 덮쳤을 때 기네스북에도 올라 있었던 방파제가 제 기능을 하지 못했다. 일본 이와테현 가마이시시의 방파제는 물 위쪽으로 8m, 아래쪽으로 63m로 세워져 세계 최고 높이를 자랑했지만, 높이 15m의 쓰나미가 몰려오자 속절없이 무너졌다. 이는 인간이 상정한 재해의 한계를 훌쩍 뛰어넘는 자연의 위력을 보여준 대표적인 사례로 꼽힌다. 동일본대지진 당시 현장에 취재를 갔다 이 방파제를 뛰어넘는 해일로 인해 가옥이나 대형 트럭들이 종잇장처럼 나뒹구는 모습을 보며, 자연의 위력을 절감했다.

바닷물 침수로 생겨난 갯벌의 기적

자연의 변화에 무리하게 맞서는 대신, 바닷물이 그대로 육지를 잠식하도록 내버려두는 역발상을 시도하기도 한다. 자연 그대로의 모습이 보존된 갯벌로 유명한 덴마크에서의 '바닷물 침수 실험'이 바로 그것이다. 이 실험은 해수면 상승에 대처하는 방식에 새로운 선택지를 제안하고 있다.

남덴마크대학 연구진은 2014년 덴마크 당국으로부터 덴마크 남부 퓐섬의 해변 지역 214ha(214만㎡)가량을 연구에 이용할 것을 허가받은 후, 제방을 허물고 바닷물이 해안 지역으로 넘어오도록 한 뒤에 나타난 변화를 모니터링하고 있다. 그 결과 주로 농토나 나대지였던 해안 지역은 약 1m 깊이의 얕은 석호로 바뀌었다. 석호는 모래톱 등이 만의 입구를 막으면서 만들어진 연안의 자연호수로, 국내의 경우 강릉 경포호, 고성 화진포호 등 주로 동해안에 분포해 있다. 다양한 생물종이 석호를 찾아들면서 새로운 생태계가 조성됐는데, 우선 곤충들이 증가했고, 이들을 먹잇감으로 삼는 조류가 석호 주변에서 둥지를 틀고 새끼를 낳으면서 생물다양성도 크게 늘어났다.

현재 해당 지역은 '가일덴스틴Gyldensteen 석호'라는 이름으로 불리고 있다. 이 연구는 지역에 따라 해수면이 매년 2~16mm가량 높아지고 있으며, 2100년에는 0.2~1.2m가량 높아질 것이라는 예측에 근거해 실시됐다. 연구 결과는 국제학술지 《플로스원Plos one》에 2018년 4월 게재됐다.

연구진은 바닷물이 자연스럽게 해안 지역을 바꾸도록 두는 경우 제방을 쌓고 유지하는 데 드는 비용을 절감할 수 있을 뿐 아니라, 생물다양성이나 자연자원 측면에서 가치를 높이는 효과를 거둘 수 있다고 분석했다. 게다가 물에 잠긴 토양은 기후변화의 주원인인 탄소를 저장하는 기능도 뛰어나다고 설명했다. 현재도 해당 지역은 계속해서 자연적인 석호로 변해가고 있으며 더 많은 생물종이 나타나고 있다.

연안 지역의 석호와 갯벌 등이 갖는 경제적·생태적 중요성이 학계는 물론 수산당국, 관광당국, 해당 지역 주민 등으로부터 점점 더 인정받게 되는 현실을 감안하면, 해수면 상승을 새로운 기회로 활용하는 것은 오히려 기후변화 시대에 적응하는 지혜가 될 수 있다. 재해를 완전히 막을 수 없다면, 이것이 지닐 경제적 가치에 주목해볼 수도 있다는 얘기다.

덴마크는 유네스코 세계유산으로 지정된 바덴해 갯벌을 보유하고 있고, 문화적으로도 갯벌의 가치를 높게 평가하는 나라다. 바로 이 점이 덴마크에서 바닷물 침수 실험을 진행할 수 있는 배경이 되었다. 바덴해는 덴마크, 독일, 네덜란드 3개국에 걸쳐 있는 약 4,700km² 면적의 갯벌바다를 지칭한다. 한국의 서남해안을 비롯해 미국 동부 조지아주 해안, 아마존강 유역, 캐나다 동부와 함께 세계 5대 갯벌로 손꼽힌다. 한국의 서남해안 역시 2021년 유네스코 세계유산으로 지정됐다. 충남 서천, 전

(위)덴마크, 독일, 네덜란드에 걸쳐 있는 바덴해 갯벌. ⓒRalf Roletschek
(아래)우리나라 서남해안에 있는 고창 갯벌. ⓒSeungh

북 고창, 전남 신안, 전남 보성·순천 등인데 면적은 서울시 전체 (605.24km²)의 2배를 넘어서는 1,284km²다.

섬나라들을 보호해야 하는 이유

물론 이 연구는 일부 해안 지역이 침수돼도 괜찮은 나라에서만 의미가 있을 수 있다. 반면 해수면 상승으로 인해 인간이 거주하기 힘든 환경으로 바뀔 위험이 높은 태평양이나 인도양의 섬나라들에게는 '배부른 소리'로 들릴 수 있다. 일명 '도서국가(모든 영토가 섬으로만 구성된 국가)'로 불리는 곳들은 UN기후변화협약 당사국총회에서도 선진국에게 강도 높은 기후변화 대응 정책을 요구하는 그룹으로 자리매김하고 있다. 이들은 역사적으로 기후변화에 더 큰 책임을 지니고 있는 선진국들이 개발도상국과 저개발국을 위해 더 많은 지원을 해야 한다고 목소리를 높이고 있다.

여기에는 과학자들이 해수면 상승이 빨라지고 있다는 암울한 전망을 계속해서 내놓고 있다는 점도 작용한다. 태평양과 인도양의 저지대 산호초섬에 인간이 살 수 없게 되는 시점이 60~70년 뒤인 21세기 말이 아닌 20~30년 뒤인 21세기 중반이 되어 훨씬 빨리 찾아올 수 있다는 것이다. 섬 전체가 물에 잠기지는 않더라도, 염분이 높은 바닷물로 인해 인간이 살 수 없는 환경이 될 수도 있다는 얘기다.

미국 지질조사국USGS, 미국 국립해양대기청NOAA, 하와이대학 마노아캠퍼스 등 공동 연구진은 국제학술지《사이언스어드밴스》에 2018년 4월 25일 게재한 논문에서 태평양 등 저지대 산호초섬 전체가 바닷물에 잠기지 않더라도 민물인 지하수에 바닷물이 섞여 들어가면 인간의 식수원이 사라질 것이라 내다봤다. 그 근거는 태평양 중부, 적도 부근의 섬들로 이뤄진 마셜제도공화국의 콰절린Kwajalein 환상산호초環狀珊瑚礁에 포함된 로이나무르Roi-Namur섬에서 2013년 11월부터 2015년 5월 사이 진행된 연구 내용에 있다.

마셜제도는 29개의 환상산호초와 1,100여 개의 저지대 섬들로 이루어진 나라다. 환상산호초는 고리 모양으로 형성돼 있는 산호초로, 가운데에 섬이 있는 경우가 많은 지형을 말한다.

연구진은 현재 알려져 있는 기후변화 시나리오에 따라 해수면 상승이 산호초섬들의 인프라에 어떤 영향을 미치는지와 담수 이용 여부 등을 조사했다. 연구 결과 21세기 중반에는 대부분의 섬이 사람이 거주하기 힘든 지역으로 바뀌는 것으로 나타났다. 거주가 힘들어지는 시기는 지역에 따라 차이가 있지만 대부분 2030~2060년이라고 예상했다. 이른 경우 불과 10년 후면 다른 섬 또는 나라로 이주해야 한다는 것이다. 연구진은 특히 이번 연구 결과가 마셜제도에만 해당하는 것이 아니라 인근의 캐롤라인제도, 쿡제도, 몰디브, 하와이 북서부의 섬 등 많은 섬에 적용된다고 설명했다.

연구진은 바닷물 침수는 염분이 땅속으로 파고들어 지하수에 포함되는 결과를 낳는다며 자연적인 비로는 이 염분을 씻어내는 것이 어렵기 때문에 담수의 해수화를 막기 위해서는 시급하게 대책을 마련할 필요가 있다고 지적했다. 앞선 덴마크의 사례와 같이 해수면 상승을 활용하는 지혜를 발휘하면서도, 현재 가라앉고 있는, 그리고 염분이 높은 바닷물의 영향을 직접적으로 받게 될 섬나라들을 위해 국제사회는 지금보다 훨씬 더 많은 노력을 기울여야 할 것이다.

해수면 상승을 생태계 자원의 보고로 지혜롭게 활용하기 위해서는 먼저 선진국들이 저지대 섬나라들부터 보호하는 조치를 취해야 한다.

17장

'기후적응 농업'은
성공하고 있는가

한국인에게 사랑받던 '수미감자'의 위기

'수미감자' 하면 유명한 감자칩 스낵을 떠올리는 이가 많을 것이다. 식품업체에서 제품명으로 삼을 정도로, '수미'는 오랫동안 한국인의 사랑을 받아온 대표적인 감자 품종이었다. 그런 수미감자가 최근 위기를 맞고 있다. 수미감자 품종에 어떤 일이 생긴 것일까?

"수미는 이제 끝난 것 같아요. 빨리 알아차린 농민들은 몇 년 전부터 품종을 바꾸고 있어요." 강원 횡성 둔내면의 감자 농장에서 만났던 한 농민의 이야기다. 그는 국내 감자의 대표 품종이었던 '수미'가 "상품성을 잃었다"고 잘라 말했다. 수확까지 한 달여가 남은 수미 품종을 심은 감자밭 앞에서 그는 "10년 전만 해도 수미를 지금보다 훨씬 더 많이 키웠는데, 이제는 여기 조그만 밭에서만 재배하고 있다"면서 "전체 7만 평 중에서 수미는 7%에 불과하다"고 설명했다.

한때 국내 감자 재배종의 대부분을 차지했던 수미는 빠른 속도로 씨감자로서의 위치를 잃어가고 있다. 식량과학원 고령지농업연구소의 한 전문가는 "고온 현상이 두드러지고, 가뭄이 찾아오는 일도 많아지면서 기후변화에 대한 적응성이 떨어지는 수미 품종의 수확량이 과거보다 많이 줄었다"며 "과거에는 수미를 재배하는 비율이 70~80%에 달했지만 현재는 60% 이하로 줄어든 것으로 보인다"고 말했다.

강원 횡성의 감자 농가뿐 아니라 전국 곳곳의 감자 재배 농민들은 길게는 10년, 짧게는 4~5년 전부터 수미의 상품성이 낮아져 재배 면적을 줄였다고 입을 모았다. 취재에 응했던 농민도 과거에는 전체 밭의 30% 이상에서 키우던 수미 품종을 두백, 설봉 등의 품종으로 대부분 전환했다고 밝혔다.

수미감자가 퇴출당하는 이유

수미는 1978년 국내에 도입된 이래 45년 동안 지배적인 감자 품종이었다. 다른 품종에 비해 수확량이 월등히 많았고 맛도 좋았다. 한국인들은 감자라고 하면 으레 타원형인 수미의 모양을 떠올렸다. 더불어 7월에 수미 수확을 하고 난 뒤 같은 밭에 다른 작물을 심는 것이 가능한 지역이 많아 농민들은 너도나도 수미를 재배했다.

수미가 '대표적인 기후위기 적응 실패 사례'로 꼽히기 시작한 시기는 지역마다 조금씩 다르지만 대부분 2010년대 들어서부터다. 상대적으로 기온이 높은 남부지방에서는 2010년대 초반부터 수미의 줄기가 정상적으로 자라지 않는 일이 잦았다. 중부지방에서는 2010년대 중반부터 병충해에 당하거나, 타원형이 아닌 길쭉한 기형으로 자라 상품성이 떨어지는 사례가 늘어났다. 농민들에 따르면 과거 수미는 평당 10~13kg가량 수확이 가능했는데 최근에는 6~8kg으로 줄어든 사례가 많다. 최근 농민들이 선호하는 다른 감자 품종들은 평당 9~12kg를 수확할 수 있다.

저장이 어렵다는 점도 수미 퇴출에 영향을 미치고 있다. 수미는 저온 저장을 해도 싹이 나기 때문에 상품성을 잃기 쉽다. 실제로 앞서 말한 농민이 감자 농장 저장고에 보관해놓은 수미감자 대부분에서 싹이 난 것을 확인할 수 있었다. 씨감자는 보통 4~5도 정도의 저온을 유지할 수 있는 저장고에 보관하는데 수미는 긴 시간을 버티지 못하고 싹이 나곤 한다. 농업 전문가들은 이러한 현상에 관해 너무 오랫동안 같은 품종이 재생산되면서 수미 씨감자가 퇴화하고 환경 적응력이 떨어지고 있다고 분석한다.

수미의 퇴화를 알아차려 발 빠르게 다른 품종으로 전환한 농가도 있지만, 다수 농가는 여전히 국내 소비자들이 선호하는 수미를 키우고 있다. 일부 지역에서는 수미 대신 다른 품종을 키우다 병해충이나 이상기후 등으로 피해를 보면서 수미로 돌아가기도 했다. 사실 농민들 입장에서는 긴 시간 길러온 작물이나 품종을 갈아치우는 것이 쉽지 않을 수 있다. 한해 농사의 성패가 1년 수입에 직결되는 상황에서 선뜻 수미 대신 다른 품종을 기를 결심을 할 수 있는 농민은 많지 않을 것이다.

지자체가 여전히 많은 양의 수미를 보급하고 있어 농민들로서는 선택의 여지가 적기도 하다. 씨감자를 보급하는 기업도 있지만 그 비중은 아직 미미하고, 농민들은 대체로 지자체에서 씨감자를 보급받는다. 강원도 감자종자진흥원이 2018~2022년 도내 농가에 보급한 품종별 씨감자 양을 보면 수미 씨감자는 매년 5,000t 이상으로, 전체 보급량의 80%를 넘어선다. 다른 감자

2018-2022 강원도 주요 산지의 감자 종자별 농가 보급량

(단위: t)

품종별	2018	2019	2022	2021	2022
합계	6,800	6,187	6,983	6,102	6,136
수미	6,642	5,901	6,319	5,137	5,302
조풍	81	149	140	171	212
하령	7	15	39	50	34
서홍	6	27	22	45	37
오륜	64	95	72	-	-
풍농	-	-	-	9	11
다미	-	-	-	7	58
두백	-	-	391	683	482

자료: 농림축산식품부

품종 보급량을 모두 합친 무게가 1,000t 미만이라는 점에서 수미감자가 농업 부문의 대표적인 기후변화 적응 실패 사례가 된 이유를 짐작할 수 있다. 들쑥날쑥한 강수량, 수시로 찾아오는 이상고온 등의 기후변화를 감자 농업이 따라잡지 못하고 있는 것이다.

물론 농림 당국도 이 같은 상황을 손 놓고 지켜만 보지는 않았다. 식량과학원 고령지농업연구소에서는 이미 '다미'처럼 수미보다 수확량도 많고, 맛도 좋은 여러 품종을 개발하는 성과를 거뒀다. 하지만 오랫동안 키워온 수미를 검증이 덜 된 신품종으로 바꾸기를 꺼려하는 농민들이 많은 것이다. 연구진은 "맛과 수확량이 월등한 서홍 품종의 경우 껍질은 분홍빛이고 속은 노랑색이다 보니 유통업자들이 꺼려하고, 농민들도 재배를 안 하려는 경우가 많다"고 설명했다. 유통업자와 농민들이 수미를 고집하는 데에는 수미가 대표 품종으로 자리 잡는 동안 한국인 다수가 수미의 외양과 맛에 길들여졌다는 점도 영향을 미치는 것이다.

감자와 함께 퇴출당한 기후적응 농산물들

최근 수 년 사이 이상고온과 이상저온, 집중호우 등으로 작황이 악화되면서 감자 농가가 피해를 입는 일이 잦아졌다. 이로 인해 감자 수확량은 매년 큰 편차를 보인다. 수미의 퇴화는 국내 감자 생산량 전체에까지 영향을 미쳤는데, 2000년만 해도 70만t이 넘었던 국내 전체 감자 생산량은 2020년엔 55만t까지 급감했다.

감자가 기후변화의 영향을 크게 받는 작물이라는 점은 2022년 미국 등의 감자 생산량이 급감하면서 벌어진 '감튀 대란'으로도 확인할 수 있다. 감튀 대란은 기후변화와 함께 물류대란이 일어나 감자 공급이 불안정해지면서 국내 프랜차이즈 패스트푸드 업체들이 감자튀김, 웨지감자 등 수입 냉동감자로 만드는 메뉴 판매를 중단하면서 벌어졌다.

비교적 기온이 낮은 남미에서 주로 재배되는 감자는 한국의 여름처럼 고온다습한 기후에 어울리는 품종이 아니다. 아직까지는 씨감자 수요를 100% 국산으로 충당하고 있지만, 감자가 기후적응 한계를 언제 넘어설지는 아직 알 수 없다. '기후적응 한계를 넘어선다는 것'은 기후위기로 인한 피해와 영향을 더 이상 견뎌내기 어려운 상태, 즉 위험을 피해 대응할 수 있는 수단이 없는 상태가 되는 것을 말한다. 감자 농업의 경우에는 수미감자 수확량이 급감해 감자 수요를 맞출 수 없게 되는 상태를 의미하는 것일 테다.

감자를 포함한 국내 농업 분야에서 기후적응은 '기온이 올랐으니 남부지방에서 키우던 작물을 북쪽에서 재배하는' 등의 대증요법에 머물러 있다. 농업 분야의 기후위기 적응 실패는 농민의 수입 감소로 직결되는데, 아직까지 과학적이고 체계적인 대응은 이뤄지지 않고 있다. 전문가들은 "정부와 지자체가 재배에 적합한 지역을 과학적으로 선별하고 지원하는 등의 농업 분야 적응 정책을 실시해야 한다"고 주장하기도 한다.

이처럼 기후변화 적응에 실패한 농작물은 수미감자만이 아니다. 우리가 일상에서 쉽게 접하는 사과나 감귤 역시 기후변화 적응의 대표적인 실패 사례다. 한반도의 평균기온이 올라가면서, 특히 남부지방의 기온이 올라가면서 남부지방의 일부 농민들은 제주도에서만 키웠던 감귤을 재배하기 시작했다. 기온이 올라간 만큼 감귤 농사가 충분히 가능할 것이라고 판단했기 때문일 것이다. 하지만 남부지방 일부 농민들의 감귤 농사는 아직까지 큰 성과를 거두지 못하고 있다. 해마다 다른 겨울철 기온이 감귤 농사를 어렵게 만들기 때문이다.

사과 농사 역시 마찬가지다. 한때 대구·경북 지역이 주요 산지였던 사과를 강원 북부지역에서 기르기 시작한 농민들 역시 남부지방에서 감귤을 도입한 이들과 마찬가지로, 기후변화에 따른 평균온도 상승으로 인해 사과 재배에 승산이 있을 것이라고 판단했을 것이다. 그러나 이 농민들 역시 아직까지는 실패를 경험한 이들이 많다.

이는 기후변화의 속성을 오해했기 때문이라고 볼 수 있다. 평균온도가 상승한다고 해도 그 그래프는 우상향으로 곧게 뻗은 모양이 아닐 가능성이 크다. 우상향하다 아래로 내려가는 것을 반복하는 모양이 될 가능성이 훨씬 더 크고, 실제로도 한반도의 평균온도는 해마다 들쑥날쑥한 모양새를 보이고 있다. 겨울철을 포함해 최저기온은 여전히 기존과 비슷하거나 기존보다 더 낮아질 수 있는 것이다. 이는 기후변화 적응에 있어 단순히 평균온도 상승만을 고려해서는 안 되는 이유이기도 하다.

**북부 지방에서 농산물을 재배한다고
기후적응 농업에 성공하는 것은 아니다.
평균온도 상승을 넘어 예측하기 어려운 형태로
기후변화가 다가오고 있기 때문이다.**

18장

메트로폴리탄 뉴욕의 녹색도시 정책

여름을 시원하게 하는 뉴욕의 옥상정원

미국의 '뉴욕' 하면 많은 이들이 우뚝 솟은 마천루를 떠올릴 것이다. 거대한 고층 빌딩이 도시 전체를 가득 메운, 세계에서 가장 복잡한 대도시로 손꼽히는 곳이니만큼 이는 자연스러운 반응일 수밖에 없다. 그런데 2023년 8월 직접 다녀온 뉴욕은 천천히 하지만 확실하게 녹색으로 바뀌고 있었다. 회색 이미지를 풍기기 쉬운 빌딩의 옥상이 주된 변화의 지점이었다. 대도시가 기후변화 적응을 위해 어떻게 달라질 수 있는지를 보여주는 사례이기도 했다.

미국 뉴욕 맨해튼의 대규모 전시장 재비츠 컨벤션센터(이하 재비츠센터) 옥상에는 7ac(2만 8,328m²)에 달하는 옥상농장이 조성돼 있었다. 옥상농장에 들어서자 재비츠센터의 농장을 위탁 운영하고 있는 브루클린 그레인지Brooklyn Grange 농장 직원들이 채소를 수확하는 모습이 눈에 띄었다. 브루클린 그레인지는 옥상농장의 이름이기도 하다. 옥상농장에서 재배한 농작물은 재비츠센터 직원들이 이용하는 구내식당의 식재료로 활용되고 있고, 주변 주민들에게 판매되기도 한다.

재비츠센터는 한국으로 치면 코엑스나 킨텍스 같은 전시장 역할을 하는 건물로, 뉴욕 34~40번가 허드슨강 인근 6개 블록을 차지할 정도로 규모가 크다. 이런 거대한 건물의 옥상이 농장과 태양열발전시설로 탈바꿈한 때는 2014년이다. 지속 가능한 건물이 되기 위한 결정이었다.

옥상농장을 만든 결과 재비츠센터는 여름철엔 5~6도 정도 시원해졌고, 겨울철에도 5~6도 정도 따뜻해졌다. 그만큼의 에너지 소비를 줄일 수 있음은 물론이다. 또 옥상농장은 막대한 양의 빗물을 저장하는 역할도 하고 있다. 농장의 토양과 빗물탱크 등에 저장되는 빗물의 양은 연간 700만gal(2,649만 7,882L)에 달한다. 옥상농장이 많은 양의 물이 우수관으로 흘러가는 것을 막고 있는 것이다.

　재비츠센터의 옥상농장을 관리하고 있는 브루클린 그레인지는 엘리베이터를 타고 11층까지 올라가서 계단으로 한 층을 더 올라가야 한다는 점만 빼면 농촌의 농장과 다름이 없을 정도로 본격적인 농업이 이뤄지고 있는 곳이다. 다양한 작물을 재배하는 브루클린 그레인지의 밭 너머로 보이는 맨해튼의 고층 빌딩 숲은 비현실적으로 보이기까지 했다.

기후재난을 막는 녹색의 땅

　앞서 뉴욕이 점점 녹색으로 변해간다고 한 증거에는 옥상농장들 외에도 다양한 방식으로 조성되고 있는 녹지들이 포함돼 있다. 과거 뉴욕에서 산업 용도로 사용되던 고가철도를 시민들의 쉼터로 조성한 맨해튼 서부의 '하이 라인High Line'이 대표적이다. 하이 라인은 고층건물이 산책로 주변에 보인다는 점만 제외하면 숲속을 걷는 듯한 느낌을 주는데, 길이 2.3km의 하이 라인에서 자라고 있는 식물은 698종에 달한다. 이밖에도 한 기업이 사회 공헌 차원에서 허드슨강 위에 지은 인공섬 '리틀 아일랜드 Little Island' 역시 거대한 녹지 공간을 시민들에게 제공한다.

(위)뉴욕 맨해튼 재비츠센터 옥상농장의 모습. ©김기범
(아래)뉴욕 허드슨강에 지어진 인공섬 리틀 아일랜드. ©Anthony Quintano

뉴욕 맨해튼에 있는 복합건물 에식스의 옥상농장. 토마토, 칠리 페퍼, 양상추, 당근 등이 재배된다. ©Rhododendrites

지금까지 언급한 옥상농장과 하이 라인, 리틀 아일랜드의 공통점은 대도시 뉴욕의 불투수면적, 즉 빗물이 토양에 스며들지 못하게 하는 콘크리트 면적을 줄임으로써 비가 올 때 물이 우수관으로 흘러가지 않도록 막는다는 점에 있다. 뉴욕의 불투수면적은 도시 전체의 3분의 2 정도를 차지하는데, 기후변화로 허리케인과 폭우 등의 재난이 늘어나는 뉴욕에서 불투수면적을 줄이는 것은 선택이 아닌 필수였을지도 모른다.

기후재난으로 인한 뉴욕의 대표적인 도시침수 사례로는 2012년 큰 피해를 끼친 허리케인 샌디가 있다. 당시 뉴욕에서만 44명이 사망했고 재산피해는 190억 달러(약 22조 5,000억 원)에 달했다. 불투수면적이 넓은 탓에 빗물이 그대로 도시를 침수시키면서 뉴욕 지하철은 나흘 동안 운행이 중단됐다. 당시 뉴욕 주변의 해수면은 평상시보다 240cm가량 상승했다. 옥상농장, 하이 라인, 리틀 아일랜드의 빗물을 머금는 기능은 이 같은 도시침수를 줄이기 위한 기후적응 정책의 일환인 셈이다. 도시 내 녹지를 늘리는 것은 시민들에게 휴식 공간을 제공하는 것 외에도 재난의 강도를 낮추는 역할을 할 수 있는 것이다.

뉴욕시는 이 같은 기능을 제도화하기 위해 2019년 제정한 '기후동원법CMA'에 새로 짓는 건물과 공립학교 등에 대해 '옥상녹화'를 의무화하는 조항을 포함시켰다. 이렇게 차근차근 기후적응 정책을 추진하는 뉴욕과 달리 한국의 옥상녹화는 시작조차 하지 못했다고 볼 수 있다. 일부 빌딩에 옥상정원이 마련돼 있긴 하지만, 거대한 화분 몇 개 가져다 놓고 식물을 기르는 수준인 경우가 대부분이기 때문이다. 하이 라인을 모델로 삼아 고가도로를 보행 전용 산책로로 만든 서울로7017이 대표적이다. 숲에 와 있는 것 같은 착각이 들게 하는 하이 라인과 달리 서울로7017은 아스팔트 바닥에 콘크리트 대형 화분을 늘어놓은 정도에서 벗어나지 못한다.

뉴욕과 일대일로 비교하면 국내의 옥상녹화 현실에 실망하게 될 수도 있지만, 반대로 생각하면 국내 빌딩들의 옥상녹화 잠재력이 그만큼 높다고 볼 수도 있다. 국가의 제도적 지원과 기업의 투자 등 노력이 뒤따른다면 한국도 뉴욕 못지않은 '녹색 전환'을 이뤄낼 수 있을 것이다.

인간은 자연을 보존하는 것을 넘어 적극적으로 창조해나갈 수 있는 존재다. 미래에 닥쳐올 기후재난 적응의 승자는 아스팔트로 채워진 최첨단 도시가 아니라 사람과 자연을 잇는 녹색의 도시가 될 것이다.

4부

이미 닥쳐온
파국 앞에서

19장

뜨거워진 지구에서
누가 살아남을까

2030년까지 우리에게 남은 시간

2023년 제6차 기후변화에 관한 정부 간 협의체 보고서 승인과 관련된 IPCC 총회에 한국 정부 대표로 참가했던 기상청 관계자는 IPCC 〈제6차 평가 종합보고서〉 내용을 기자들에게 브리핑하는 자리에서 "이대로 가면 2020년대에 태어난 아이들은 4도 이상 지구 온도가 상승한 세상에서 살게 될 것"이라며 "빠른 기후행동이 이뤄지지 않으면 인간이 영향을 받는 것뿐 아니라 지구 시스템 대부분에 악영향이 미칠 것임을 보고서는 자명하게 보여준다"고 말했다.

보고서는 1.5도 상승 제한까지 인류에게 6년 정도의 시간 (2030년)이 남아 있음을 알려주면서도, 당장 전시 동원 수준의 대처가 없으면 실낱같은 희망조차 없어질 수 있음을 보여준다. 하지만 한국을 포함한 대부분의 선진국─역사적으로 온실가스 배출에 있어 큰 책임이 있는─들은 기후변화로 인한 파국을 막을 생각이 없어 보인다는 것이 문제이다.

사실 기후변화로 인한 파국은 도달하는 속도가 조금 다를 뿐 이미 우리 곁에 와 있다고 보아야 마땅하다. 2015년 프랑스 파리 기후변화협약 당시 당사국총회 현장을 취재했을 때는 '희망이 있구나'라고 생각했다. 세계 유수의 언론이 '화석연료 시대의 종언'이라 평가한 2015년의 '1.5도 합의'가 인류에게 기회를 줄 수 있겠다는 생각이 들었기 때문이다.

하지만 2015년 이후 8년을 겪어보니, 인류가 달라지는 속도보다 '기후위기 시한폭탄'이 다가오는 속도가 훨씬 빠르게 느껴진다. 2022년 8월 한국에서의 집중호우로 인한 사망자를 기후변화의 희생자라는 관점에서 본다면, 그들에게 기후변화의 파국은 이미 도래한 것일 수밖에 없다. 국가 전체가 대홍수로 피해를 겪은 파키스탄은 이미 사회 구성원 대다수가 파국을 겪은 셈이다. 2008년 태풍 나르기스로 인해 13만 명이 넘는 사망자가 발생하고 240만 명이 이재민이 된 미얀마는 오래전부터 기후변화의 파국으로 인한 고통을 겪고 있는 나라다. 미얀마 같은 저개발국은 복구 속도가 선진국과는 비교할 수 없을 정도로 느리기 때문에 피해를 입은 이들의 고통은 더욱 클 수밖에 없다.

이런 파국이 전 지구적으로 닥쳐오는 것을 막기 위해 2030년까지 남아 있는 6년 정도의 시간은 어느 때보다 중요하다. 전문가들은 이때까지 국제사회가 탄소 배출을 확실히 줄여야 지구 환경의 불가역적이고 파멸적인 변화를 막을 수 있다고 말한다. 이 장에서는 탄소 배출을 획기적으로 줄이지 못했을 때 인류는 어떤 운명을 맞이하게 될지에 대해 가상의 한 어린이의 생애를 통해 살펴보려 한다.

고온다습한 날씨 속에서 살아갈 미래 세대

다음 내용은 《경향신문》 뉴스레터에 실렸던 미래의 기후변화 시나리오를 축약 및 수정한 것이다. 이는 미국의 저널리스트 마크 라이너스가 《최종 경고: 6도의 멸종》에서 경고한 미래의 기후변화 시나리오를 기반으로 했다.

2023년 태어난 생명이가 살아가는 동안 지구의 기후는 어떤 영향을 미칠까? 2030년 생명이는 초등학교에 입학한다. 그가 초등학교에 다니는 동안 인류는 지구가 1.5도 넘게 뜨거워지는 것을 막지 못했고, 지구 곳곳에서 연쇄적인 반응이 터져 나온다.

2042년 스무 살이 된 생명이는 북극에서 얼음이 완전히 사라졌다는 기사를 보게 된다. 이어 2050년쯤엔 세계 곳곳에서 식량 부족이 현실화된다. 한국의 식량 가격도 치솟을 수밖에 없다. 식량 자급률이 40%대에 불과하기 때문이다.

지구 지표면 평균온도 상승폭이 3도를 넘어선 시점에서 인류는 더 이상 문명을 지속하기 어려운 상태가 될지도 모른다. 인류가 거주해온 지역 대부분에서 먹을 것이 부족해지고, 건강한 성인도 견디기 힘든 고온과 높은 습도가 겹쳐지는 살인적인 날씨가 증가하고 있기 때문이다.

생명이가 중년의 나이가 된 2075년쯤 지구 온도는 산업화 이전보다 4도 높아진 상태다. 지구에는 북반구 일부 지역을 제외하고는 사람이 살기 적합한 곳이 얼마 남지 않게 된다.

위 기후변화 시나리오에서 '고온'과 '다습'이라는 두 조건은 미래 인류의 생존에 가장 큰 위협이 될 수도 있는 요소다. 기온이 높고 습도는 낮은 경우나 습도가 높고 기온은 낮은 경우에 비해 고온다습한 기후에서 인간의 생존률은 크게 낮아질 수밖에 없다.

예를 들어 미국 매사추세츠공과대학MIT 연구진은 2018년 7월 국제학술지 《네이처 커뮤니케이션즈》에 빠르면 2070년쯤 중국 북부 화베이평원 지역의 습구온도가 인간이 생존하기 힘든 수준으로 올라갈 것이라는 내용의 논문을 게재했다. 연구진은 인류가 현재 추세대로 온실가스를 배출하는 경우를 뜻하는 'RCP 8.5 시나리오'를 적용할 경우 화베이평원의 평균 습구온도가 빠르면 2070년쯤 32.6도에 이를 것으로 내다봤다. 칭타오, 상하이, 항저우 등의 습구온도는 35도까지 오를 수 있다고도 추측했다. 습구온도 35도는 건강한 사람도 야외에서 6시간 이상 버티기 힘든 수준이다. 2015년 인도와 파키스탄에서는 습구온도가 30도가량까지 오르면서 4,000명 이상이 사망했다. '습구온도'란 온도계를 증류수에 적신 수건으로 감싼 상태에서 측정하는 것을 말하며, 일반적으로 말하는 '기온'은 건구온도로 마른 상태의 온도계로 측정한다.

또 다른 연구에서는 이번 세기말에 12억 명이 넘는 인구가 생존이 어려운 습도와 고온의 위협을 받는 것으로 나타났다. 미국 럿거스대학 연구진은 기후변화가 계속 진행된다면 2100년쯤에는 약 12억 2,000만 명이 33도 이상의 '습구흑구온도WBGT 지수'에 노출될 것이라는 논문을 2020년 3월 학술지《환경연구회보》에 게재했다. 이 어마어마한 인구수는 현재 이상기후에 노출된 이들의 4배가 넘는 수치다. 습구흑구온도 지수는 온열질환을 유발하는 4가지 환경 요소인 기온, 습도, 복사열, 기류를 반영한 수치다. 습구흑구온도가 33도가 넘으면 건강한 사람도 온열질환 때문에 치명적인 영향을 받을 수 있다.

연구진은 40개의 기후 시뮬레이션을 분석해 온난화된 지구에서 고온다습한 환경이 얼마나 증가할지 추정했다. 그 결과 미국 중부와 동부, 남아메리카 대륙 중부와 북부, 중동과 중국, 인도, 호주 등 광범위한 지역에서 습구흑구온도가 33도를 넘는 날이 1년에 하루 이상 발생하는 것으로 나타났다.

연구진의 추산에 따르면 지구 지표면 평균온도가 1.5도 상승할 경우 건강에 악영향을 받는 인구는 약 5억 800만 명, 2도 상승할 경우는 7억 8,900만 명, 3도 상승할 때는 12억 2,000만 명에 달했다. 2020년 습구흑구온도가 33도 이상까지 올라가는 환경에서 거주하는 세계 인구는 약 2억 7,500만 명이다.

고온다습한 날씨는 인간의 신체뿐 아니라 정신에도 타격을 입힐 가능성이 있다. 특히 폭염은 자살률을 증가시킨다는 연구 결과도 있다. 미국 스탠퍼드대학 연구진은 2018년 7월《네이처》 자매지인《네이처 클라이밋체인지》에 폭염이 자살률을 증가시킨다는 연구 결과를 발표했다. 연구진은 기후변화로 인한 기온 상승 탓에 미국과 멕시코에서 추가로 자살하는 사람이 2050년까지 2만 1,000명에 달할 것으로 예상된다고 설명했다.

기후변화는 외적인 환경뿐만 아니라 우리의 몸과 정신에도 치명적인 영향을 미친다. 가만히 있어도 땀이 나는 고온다습한 날씨는 걷잡을 수 없는 스트레스를 불러오며 자살까지 일으킨다.

20장

한국이라는
'기후빌런'이 온다

매년 기후위기 대응에서 최하위권을 기록하는 나라

한국이 전 세계적으로 '기후악당'이라는 불명예를 뒤집어쓴 것은 2016년의 일이다. 신기후체제가 마련된 2015년 프랑스 파리 기후변화협약 당사국총회(COP21) 이듬해인 2016년, 모로코에서의 당사국총회(COP22) 개막을 하루 앞두고 국제연구기관인 기후행동추적은 한국을 사우디아라비아, 호주, 뉴질랜드와 함께 '기후악당Climate Villain' 국가라고 지목했다. 여기서 기후악당 국가는 기후변화 대응에 무책임하고 게으른 국가를 의미한다. 기후행동추적은 국제 기후변화 연구기관들이 2009년 공동으로 설립한 독립적인 연구기관 컨소시움으로, 해마다 32개 주요 온실가스 배출국가의 감축 실태를 분석 및 발표하고 있다.

이 단체가 미국이나 중국, 인도처럼 절대량 기준으로 온실가스 배출량 상위권을 차지하고 있는 나라들을 제쳐두고 한국을 기후악당 국가로 평가한 주요 원인은 1인당 온실가스 배출량의 가파른 증가 속도에 있다. 한국의 1인당 온실가스 배출량 증가 속도는 아시아태평양경제협력체APEC 21개국 중에서도 '매우 드문 것'이라는 평가가 나왔다. 한국이 2007~2014년 70억 달러의 재정을 석탄 관련 프로젝트에 투여한 것도 나쁜 평가를 받은 원인 중 하나다.

한국의 기후변화 대응 노력은 독일 민간연구소 저먼워치 German Watch와 유럽기후행동네트워크CAN Europe가 발표한 '기후변화대응지수CCPI'에서도 최하위권으로 평가받은 바 있다. 기후변화대응지수는 각국의 기후 관련 정책과 이행 수준을 평가해 발표하는 지수다. 온실가스 배출, 재생에너지, 에너지 소비, 기후정책 등 4가지 부문으로 나눠 평가하고, 점수를 합산해 국가별 종합점수를 매긴다. 한국의 순위는 2010년 31위에서 매년 하락하고 있는데 2016년에는 조사 대상 58개국 가운데 54위, 2020년에는 61개국 가운데 58위, 2021년에는 60위, 2022년에는 57위

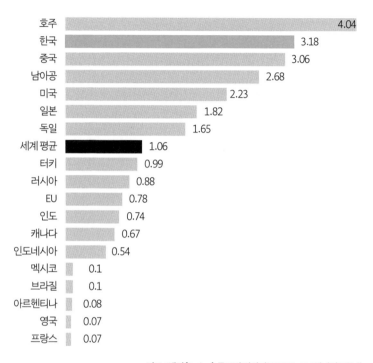

2022년 G20 국가별 석탄발전부문 1인당 온실가스 배출량

국가	배출량
호주	4.04
한국	3.18
중국	3.06
남아공	2.68
미국	2.23
일본	1.82
독일	1.65
세계 평균	1.06
터키	0.99
러시아	0.88
EU	0.78
인도	0.74
캐나다	0.67
인도네시아	0.54
멕시코	0.1
브라질	0.1
아르헨티나	0.08
영국	0.07
프랑스	0.07

자료: 엠버(Ember) 글로벌 전력리뷰 2022, UN 세계인구통계

라는 매우 낮은 순위를 차지했다. 기후변화 대응 정책 측면에서 '매우 저조함' 그룹으로 분류된 14개국에 포함된 것이다.

가장 최근 평가인 2023년 한국은 더욱더 비참한 지경에 이르렀다. 전체 평가 대상 67개국 중 64위로 순위가 4단계 하락했을 뿐더러 한국보다 순위가 낮은 나라는 산유국뿐이라는 오명을 뒤집어쓰게 된 것이다. 한국 다음인 65위는 아랍에미리트, 66위는 이란, 67위는 사우디아라비아로 모두 중동의 산유국들이다.

기후악당에서 벗어나기는커녕 점점 더 '기후불량 국가'가 되어가고 있는 한국에 대해 걱정하는 목소리도 커지고 있다. 국내 민간연구기관인 기후변화행동연구소는 "이런 이미지는 국격을 떨어뜨리고 국제사회의 감시와 견제를 불러일으켜 외교와 경제 분야에서 불이익을 초래할 가능성이 크다"는 의견을 내놓기도 했다.

다른 나라들에 걱정을 끼치는 나라

2022년 이집트에서 열린 제27차 당사국총회, 2023년 아랍에미리트에서 열린 제28차 당사국총회에서도 한국은 '기후악당 국가'라는 꼬리표를 떼는 데 실패했다. 국제환경단체인 그린피스의 집계에 따르면 한국의 연간 이산화탄소 배출량은 영국, 네덜란드, 북유럽 5개국을 합친 양과 비슷한 수준이다. 2022년까지 배출해온 이산화탄소의 누적량은 세계 17위로 하위 129개국의 누적 배출량을 합친 양과 같다.

그린피스는 이 같은 내용을 발표하면서 한국에 대해 "과학적 접근을 통해 국제사회의 책임감 있는 일원으로 활약하는 내용은 커녕 존재감도 느끼기 힘들었다"면서 "한국 정부는 과학적 분석 결과에 맞춰 시급하고 과감한 온실가스 감축에 나서야 한다"고 지적했다.

제28차 당사국총회 도중이었던 2023년 12월 한국은 세계 기후환경단체들의 연대체인 기후행동네트워크로부터 '오늘의 화석상' 수상자로 선정되는 불명예까지 떠안았다. 기후행동네트워크는 1999년부터 기후변화협약 당사국총회가 열릴 때마다 기후위기 대응에 역행하는 나라들을 선정해 이 상을 수여하고 있는데, 수상자로 한국이 선정된 건 이때가 처음이었다.

이 같은 불명예의 원인은 무엇보다 한국 정부의 기후위기 대응 정책이 뒷걸음질을 치고 있다는 데 있다. 가장 큰 요인은 한국 정부가 세운 '제10차 전기수급기본계획'에서 재생에너지 비중 목표가 크게 낮아진 것이다. 2023년 초 정부는 기존에 30.2%였던 2030년까지의 재생에너지 비중 목표를 21.6%로 낮췄다. 또 이 계획에는 노후화된 석탄화력발전소 대부분을 온실가스 배출원인 가스발전으로 대체한다는 내용이 담겼는데, 이것 역시 '기후악당' 평가를 받는 주요한 원인이 됐다. CCPI 평가에 참여한 해외 전문가들은 한국이 이번 세기말까지 전 지구 지표면 평균온도 상승폭을 1.5도로 제한하기로 한 국제사회의 목표에 맞도록 석탄발전과 가스발전 비중 목표를 재설정해야 한다고 권고했다.

인류가 기후변화로 위기를 맞고 있는 시기에, 한국은 기후대응을 선도적으로 이끌지는 못할망정 '기후악당' 국가로 불리는 불명예까지 얻게 되었다. 이른바 'K-콘텐츠'로 세계를 주도한다는 한국은 이제 다른 나라들을 걱정하기에 앞서 그들에게 걱정을 끼치는 나라로 전락하기에 이르렀다.

기후위기 대응은 단지 한 국가의 명예나 자존심을 넘어 다른 나라에 피해를 끼치지 않기 위한 필수 조치이다. 그런 점에서 한국은 전 세계적인 '민폐' 국가라 할 만하다.

21장

몽골의 기침이
한국으로 전파된다

몽골의 모래폭풍이 한국의 모래바람으로

과거 모래폭풍은 초원 지대나 고비 사막에서 발생했는데 최근에는 산림이 많은 북부에서도 발생하고 있어요. 황사 빈도가 늘어나고 강도가 세지고 있다는 건 분명한 사실인 것 같습니다.

몽골 바양노르솜의 한 주민은 몽골에서 급증하고 있는 황사에 대해 이같이 설명했다. 이어 "최근 20~30년 사이 겨울철 기온과 강설량 변화가 뚜렷하게 나타나고 있다"고 덧붙였다.

몽골에서는 황사를 '모래폭풍'이라고 부른다. 한국의 황사가 모래바람 정도라면 몽골에서는 종종 수백 미터 높이의 모래먼지를 동반한 강풍이 마을 전체를 뒤덮기 때문에 '폭풍'이라는 단어를 사용하는 것이다.

환경단체 푸른아시아 몽골지부가 2023년 5월 전해온 황사 발원지 몽골의 상황은 한국 기상청의 황사 예보에 자주 등장하는 내용과 일치했다. "눈 덮임이 급감하고, 건조한 날씨가 이어지고 있다"는 것이다. 기상청은 황사가 발원지인 몽골 고비사막과 중국 내몽골에서 한반도로 이동하는 과정을 전하며 "눈에 덮인 면적이 평년보다 적고, 건조한 기후가 이어지고 있다"고 설명했다.

14년째 몽골에서 활동하고 있는 신기호 푸른아시아 몽골지부장은 황사가 발원했던 2023년 5월 18일 "몽골은 오늘(18일)과 내일(19일) 모래폭풍이 심하게 발생한다고 합니다. 이 모래폭풍이 곧 한국으로 가겠네요"라는 메시지를 보내왔다. 그의 예상대로 황사는 정확히 이틀 뒤인 5월 20일 한반도를 덮쳤다. 기상청에 따르면 2023년은 2001년에 이어 두 번째로 황사가 많이 발생한 해이다. 2001년에는 총 27차례의 황사가 관측됐는데 2023년에는 19차례가 관측됐다.

끝없는 설경이 거대한 사막으로

'몽골' 하면 초원과 사막만을 떠올리기 쉽다. 하지만 지금의 몽골을 상징하는 드넓은 초원과 사막은 사실 과거에는 겨울철마다 많은 눈으로 뒤덮이고, 끝도 없는 설경이 펼쳐지는 곳이었다. 보통 10월 말부터 눈이 내리기 시작했고 12월에는 초원과 사막 대부분에 눈이 쌓였다. 이 눈은 황사의 발생을 막아주고, 녹은 뒤에는 유목민과 가축의 소중한 식수가 되어주었다.

그러나 기후변화는 몽골을, 그리고 몽골인들의 삶을 송두리째 바꿔놓았다. 몽골 정부 통계에 따르면 몽골에서는 선진국보다 훨씬 빠른 속도로 기후변화가 일어나고 있고, 이는 사막화에 큰 영향을 미치고 있다. 평균보다 적은 양의 눈이 내리는 일이 반복되고 있는데, 특히 고비사막이 있는 몽골 남부 지역은 11월부터 이듬해 2월까지 눈이 쌓이지 않거나 1.0~5.0cm 정도의 적은 양만 쌓였다. 4월에도 1m가 넘는 폭설이 내리던 나라에 살던 이들에게 눈을 거의 찾아볼 수 없는 지경에 이른 것은 공포스러운 일일지도 모른다.

이처럼 눈이 적게 내리게 된 직접적인 원인은 겨울철 기온 상승에 있다. 몽골 환경관광부 통계를 보면 최근 5년 동안 겨울철 월평균기온은 평년값보다 1.1~5도가량 높았다. 산업화 이전 대비 몽골의 평균온도 상승폭은 2015년 UN기후변화협약 당사국 총회에서 회원국들이 합의한 목표치인 '1.5도'를 훌쩍 뛰어넘은 2.4도. 내가 세 차례 정도 몽골을 방문했을 때도 현지인들은 영하 10도 정도의 겨울철 기온을 두고 '포근한 날씨, 따뜻한 날씨'라고 말했다. 보통 겨울철 기온이 영하 20~30도는 되어야 정상인 나라에서 영하 10도는 지나치게 따뜻한 날씨였던 것이다.

한 몽골 유목민은 영하 10도 안팎의 기온이 이어지는 것에 대해 "겨울이 아니라 봄 날씨 같다. 점점 더 따뜻해질까 봐 마음이 타는 것 같다"고 말했다. 이들이 걱정하는 것은 "건조한 날씨가 이어지다 보면 봄에도 풀이 잘 자라지 않고, 그러면 가축을 기르기도 힘들어지기 때문"이었다. 조상 대대로 소나 양에게 물을 먹여온 호수도 말라붙으면서 5년 전에 비해 절반 크기로 줄어들었다고 말하는 이도 있었다. 한 몽골인은 "이대로 사막화가 진행되면 도시와 북부 지역을 제외한 몽골 전체가 사막이 되고, 매일 모래먼지 폭풍이 불게 되는 것이 아닐까 걱정스럽다"고 말하기도 했다.

몽골인들이 체감하는 것처럼 몽골의 겨울철 기온은 이상고온이라고 불러야 할 정도로 높아졌다. 초원에서 만난 몽골 어린이들은 영하 10도 정도의 '따뜻한 날씨' 덕분에 반소매 차림으로 다닐 정도였다.

이렇게 눈이 내리지 않는 따뜻한 겨울은 다수의 몽골 유목민을 환경난민으로 만들고 있다. 눈이 내리지 않으면 가축에게 먹일 풀과 물이 부족해지기 때문에 소, 양, 말 등이 떼죽음을 당하는 일이 잦아진다. 가축이 전 재산인 유목민들은 소나 양, 말 등이 떼죽음을 당하면 살 길을 찾아 도시로 갈 수밖에 없다. 전 재산을 잃은 수십만 명의 유목민이 수도 울란바토르 주변에 모여 일종의 빈민가인 게르촌을 형성해 살아가고 있다. 더욱이 이들 중 일부는 도시에서 버린 쓰레기더미에서 쓸 만한 물건을 찾아 되파는 것으로 생계를 지탱하고 있다.

몽골 정부는 최근 30년 사이 환경난민이 된 유목민 60만 명이 울란바토르 주변에 도시빈민으로 유입된 것으로 보고 있다. 2017년 기준 울란바토르 인구는 몽골 전체 인구 310만 명의 약 45% 정도인 140만 명가량으로 당초 50만 명이 거주할 수 있는 계획도시로 만들어진 도시의 용량을 크게 초과한 상태다. 게다가 140만 명은 주민등록상의 인구로, 주소를 옮기지 않고 울란바토르에 사는 이들도 약 10만 명에 달할 것으로 추정했다. 사실상 몽골 인구의 절반가량이 울란바토르에 몰려 살고 있는 것이다. 이들 중 상당수가 게르촌에 거주하는 극빈층으로 추정되는데, 2017년 기준 게르촌에 거주하는 가구 수를 몽골 정부는 약 22만 가구로 추산했다.

몽골의 기후변화가 한국에 미치는 영향

급격한 기후변화의 원인으로는 몽골이 고위도 지역인 데다 해발 고도가 높다는 점도 작용하고 있다. 지대가 낮은 나라들에 비해 고도가 높은 탓에 공기가 상대적으로 희박하다 보니 이산화탄소 농도가 더 빠르게 증가하고 있는 것이다. 몽골의 이산화탄소 농도는 2020년 기준 413.3ppm으로 28년 동안 58.5ppm 증가했고, 이산화탄소보다 더 큰 온실효과를 가진 메탄의 농도는 8.8%가량 늘었다. 이 같은 기후변화로 몽골 내 모래폭풍의 발생 빈도는 1960~2015년 사이 3배가량으로 늘었다.

급속한 사막화 또한 모래폭풍 발생에 영향을 미쳤다. 몽골은 2020년 기준 전체 국토의 76.9%에서 사막화가 일어났다. 4.7%에서는 극도로 심한 사막화가, 18.6%에서는 심각한 사막화가 진행 중이다.

몽골이 겪고 있는 기후변화는 한국에 어떤 영향을 미칠까? 가장 먼저 주목할 부분은 모래폭풍이다. 앞서 설명한 대로 몽골에 거대한 모래폭풍이 일어나면 높은 확률로 황사가 한반도를 덮치게 된다. 황사는 발원지인 몽골에서 고온건조한 날씨가 이어지고, 눈 덮인 면적이 작을 때 발생한다. 여기에 저기압이라는 조건까지 갖춰지면 모래먼지가 상승기류를 타고 3~5km 상공으로 올라간 후 북서풍을 타고 한반도로 날아오게 된다. 한반도 동쪽으로 강한 고기압이 자리 잡으면서 동해로 빠져나가는 공기 흐름을 막을 때는 황사의 영향이 길게 이어지기도 한다. 반대로 한국으로 북서풍이 불어오지 않을 때는 발원지에서 황사가 발생해도 한국 북쪽으로 비껴가기도 한다.

황사 자체는 모래먼지일 뿐이지만 황사가 이동할 때 중국 북부의 공업지대를 지나면서 중금속과 미세먼지 등 오염물질을 머금게 되면 건강에 악영향을 끼칠 수 있다. 국립환경과학원 자료를 보면 2009~2011년 한국에 온 28차례의 황사 중 13차례(46.4%)는 중국 공업지대를 지나온 것으로 나타났다.

오염물질이 포함되지 않은 상태의 황사는 삼국시대의 기록에서도 확인될 만큼 오래된 자연현상이다. 황사가 불어올 때는 흔히 'PM10(지름 10μm 이하)'이라고 부르는 미세먼지 농도가 크게 상승하게 된다.

황사가 인체에 끼치는 악영향은 몽골과 제주도 초등학생의 폐 기능 조사에서도 확인할 수 있다. 국립환경과학원이 2005년 3~5월 황사가 나타나는 중국 네이멍구(내몽골)의 초등학생과 황사 영향을 거의 받지 않는 제주도의 초등학생 120명씩을 대상으로 미세먼지 농도에 따른 폐 기능을 조사한 결과 네이멍구 어린이의 폐활량은 제주 어린이의 90% 정도였다. 드넓은 초원이나 사막에서 살아가는 몽골 어린이들의 폐활량이 한국 어린이들보다 좋지 않았다는 점을 보면 황사의 악영향을 짐작할 수 있을 것이다.

현재 몽골은 사막화 및 모래폭풍과 함께
끝없는 환경난민의 유입을 경험한다.
갈수록 황사의 강도가 거세지는 한국에서도
이 같은 미래를 걱정해야 할지 모른다.

22장

더욱 깊어진
북극곰의 절망

기후위기를 상징하는 장면

　'기후위기', '기후변화', '지구온난화' 등의 단어를 들으며 떠오르는 동물이 무엇이냐고 물으면 많은 이들이 '북극곰'이라고 답할 것이다. 먹이를 찾지 못해 바짝 마른 모습의 북극곰이나 해빙이 녹아내려 힘겹게 헤엄을 치면서 바다를 건너는 북극곰의 모습은 기후위기를 상징하는 장면으로 여겨진다.

　실제로 급격한 기후변화가 일어나고 있는 북극권의 위기를 상징하듯 이 지역에 사는 북극곰의 수는 빠르게 줄어들고 있다.

캐나다 토론토대학, 미국 워싱턴대학 등의 연구진은 기후변화의 영향으로 해빙이 줄어들면서 북극곰의 개체 수도 감소하고 있으며 현재 추세대로라면 이번 세기말에는 북극곰이 멸종할 것이라는 연구 결과를 국제학술지《네이처 클라이밋체인지》에 2020년 7월 게재했다.

북극곰은 바다표범을 주로 사냥해서 먹잇감으로 삼는데 사냥을 위해서는 해빙이 필수적이다. 해빙이 줄어들면 바다표범을 잡기 위해 더 먼 거리를 이동해야 하며 먹이를 얻지 못하고 헤매게 될 가능성도 높아진다. 이는 북극곰들이 새끼를 기르기 어려운 상황으로 이어질 수 있으며 북극곰 전체 개체 수의 감소로도 연결된다.

연구진은 북극곰의 에너지 사용량을 모델화한 뒤 이를 토대로 이들이 버틸 수 있는 시간을 추산한 결과 'RCP 8.5 시나리오'가 현실화될 경우 2100년이면 북극곰이 멸종할 것으로 내다봤다. RCP 8.5는 인류가 저감 노력 없이 현재 추세대로 온실가스를 배출할 경우를 의미한다. 연구진은 또 'RCP 4.5 시나리오'에서도 북극곰 개체 수가 사라질 것으로 전망했다. RCP 4.5는 온실가스 저감정책이 상당수 실현되는 경우를 의미한다.

동족을 잡아먹는 비극

연구진은 북극곰의 새끼들이 가장 먼저 위험에 처할 가능성이 높으며 혼자 생활하는 암컷이 가장 늦게 영향을 받을 것으로 추정했다. 해빙의 급감은 이미 북극곰 개체 수 감소에 큰 영향을 미치고 있다. 세계자연보전연맹ICUN은 멸종위기종 목록인 적색목록에서 북극곰을 취약종VU, VULNERABLE으로 분류하고 있다. 적색목록에서 VU는 '야생에서 높은 절멸 위기에 직면한 종'을 의미한다.

뿐만 아니라 기후변화로 인한 먹이 감소는 북극곰들로 하여금 동종포식, 즉 북극곰끼리 서로 잡아먹는 결과까지 낳고 있다. 동종포식이 북극곰 개체 수 감소를 가속화함은 물론이다.

모스크바 세베르초프생태진화연구소의 북극곰 연구자 일리야 모르드빈체프 선임연구원은 2020년 3월 러시아 상트페테르부르크에서의 기자회견에서 북극곰의 동종포식이 늘어나고 있다고 밝혔다. 북극곰이 서로 잡아먹는 사실은 이미 알려져 있었다. 하지만 과거 동종포식 사례를 발견하기 어려웠던 것에 비해 최근 갈수록 빈번하게 확인되는 것은 우려스러운 부분이다. 특히 먹잇감이 부족해지면서 덩치가 큰 수컷들이 새끼를 데리고 있는 암컷을 습격하는 사례가 확인되고 있다.

기후변화와 인간의 북극권 개발은 북극곰들이 동종포식을 할 뿐 아니라 새끼를 적게 낳고, 몸집이 줄어드는 결과도 낳고 있다. 미국 워싱턴대학 연구진은 2020년 2월 캐나다와 그린란드의 해빙이 녹으면서 북극곰의 무게가 줄어들고 있으며, 암컷들은 새끼를 적게 낳는 것으로 확인됐다는 내용의 논문을 학술지《생태학적 응용》에 발표했다.

게다가 서식지 감소는 북극곰과 인간 사이의 접촉 가능성도 높이고 있다. 2019년 12월에는 러시아 극동 추코트카 자치구의 한 마을에 50마리가 넘는 북극곰이 나타나 주민들을 공포에 질리게 했다. 또 같은 해 2월에는 아르한겔스크주 노바야제믈랴 부근에서 52마리의 북극곰이 마을에 나타나 지방정부가 비상사태를 선포하기도 했다. 세계자연기금WWF은 "많은 수의 북극곰이 마을에 나타나는 현상은 매우 이례적이며 주요 원인은 기후변화로 인해 결빙 지역이 감소했기 때문으로 보인다"고 설명했다. 얼음이 충분히 언 상태였다면 북극곰들은 해빙에서 사냥을 했을 테지만, 해빙이 녹으면서 먹이를 찾지 못하자 굶주린 북극곰이 마을까지 오게 됐을 것이라는 얘기다.

러시아 북부 노바야제믈랴 부근에 나타난 북극곰 무리. 인간들이 남긴 쓰레기를 먹고 있다. ⓒAlexander Grir

흔히 볼 수 있는 새들마저 사라진다

기후변화로 인해 사라지는 동물은 멸종위기종인 북극곰만이 아니다. 국내 연구진에 따르면 온실가스 감축이 제대로 이뤄지지 않을 경우 서울 도심 대부분에서 흔하게 볼 수 있는 참새, 까치 같은 텃새들도 사라질 것이라 예상했다. 심할 경우 서울 도심의 85% 지역에서 텃새를 볼 수 없을 것이라는 얘기다.

영남대학교 조경학과와 일본국립환경연구소 등의 연구진이 2021년 10월 《한국기후변화학회지》에 게재한 논문 〈기후변화로 인한 도시 야생조류 종 풍부도 변화와 도시 녹지의 중요성〉을 보면 2050년대 서울의 기후는 연구 대상 텃새 11종 대부분의 번식에 적합하지 않게 변화할 것으로 예상된다. 연구 대상은 까치, 박새, 멧비둘기, 직박구리, 꿩, 붉은머리오목눈이(뱁새), 곤줄박이, 참새, 쇠박새, 노랑턱멧새, 쇠딱따구리 등 서울 도심과 공원, 산림 등에서 흔히 볼 수 있는 텃새들이었다.

연구진은 조류 서식 조건 중 번식기의 하루 최고기온과 강수량을 변수로 활용해 RCP 4.5와 RCP 8.5에 따라 서식 가능 면적이 어떻게 달라지는지를 추정했다.

가장 최근인 2010년대(2011~2020년)를 기준으로 텃새 11종 모두가 서식할 수 있는 지역은 서울 면적의 27%인 153km² 정도이다. 그러나 'RCP 4.5 시나리오'에서는 불과 3%인 16km²로 줄어들었다. 이에 따라 'RCP 4.5 시나리오'에서는 2050년대가 되면 11종 중 단 한 종도 서식할 수 없는 지역이 서울 면적의 60%를 넘어선다.

'RCP 8.5 시나리오'에서는 서식 가능 면적이 1%인 8km²로 줄어들어 사실상 서울 북부의 일부 산림지대를 제외하고는 이들 조류가 서식할 수 있는 지역이 사라지게 된다. 이 경우 서울 면적의 85%가량에서 11종 모두의 서식이 어려워질 것이다.

2010년대를 기준으로 이들 조류의 잠재적 서식지는 서울 면적의 30~70% 정도다. 구체적으로 까치, 붉은머리오목눈이, 참새, 직박구리의 잠재적 서식지는 서울 면적의 70% 이상이다. 멧비둘기, 박새, 꿩의 잠재적 서식지는 57~62%다. 쇠딱따구리, 곤줄박이, 노랑턱멧새, 쇠박새는 30.55%가량의 지역에서 번식이 가능한 상태다.

생태계에서 특정한 종이 사라지는 것은 생태계의 균형과 먹이사슬을 깨트리면서 돌이키기 힘든 재앙을 일으키기도 한다. 중국 문화혁명 시기 마오쩌둥의 지시로 곡식을 쪼아 먹는 참새를 박멸시켰다가 해충이 창궐하면서 4,000만 명가량이 굶어 죽은 참사가 대표적인 사례다.

연구진은 논문에서 기후변화에 따른 번식기 하루 최고기온의 변화와 강수량 증가 등이 종 풍부도의 감소에 큰 기여를 한다고 설명했다. 또한 "야생조류 종 풍부도의 감소는 다른 도시 생태계에 큰 영향을 주면서 결과적으로 생태계서비스(자연이 인간에게 주는 혜택)를 저하시킬 수 있다"며 "미래의 기후변화를 고려한 도시 녹지 관리가 앞으로 중요해질 것"이라고 지적했다.

북극곰의 절망을 우리의 고통으로 이해하는 '생태적 감수성'을 가질 수 있다면, 주변의 작은 새들 하나하나에 관심을 갖고 그들의 아픔을 어루만질 수 있을 것이다.

23장

기후변화는 '미지와의 조우'까지 막을 것인가

과학자들이 따져본 외계 문명의 수

이탈리아 출신 미국의 물리학자로 노벨물리학상 수상자인 엔리코 페르미Enrico Fermi는 1950년 어느 날 동료 과학자들과 함께 점심을 먹으면서 외계 지적 생명체의 존재 가능성에 대해 이야기하다 이렇게 물었다.

"그들은 어디에 있는 거지?"

우주에 존재하는 수천억 개의 은하계와 은하계마다 존재하는 수천억 개의 항성이나 행성 중에는 지구처럼 지적 생명체를 품은 행성이 많을 텐데, 왜 우리는 외계인을 만나거나 그들의 신호를 받지 못하고 있느냐는 것이다. 인간보다 더 뛰어난 문명을 이룬 지적 생명체가 있다면 그들은 다른 생명체를 만나러 항성 간 비행에 나섰을 텐데 말이다.

이처럼 외계인이 우주 어딘가에 존재할 가능성이 있음에도 아직까지 우리가 그들을 만나지 못하고 있는 상황을 '페르미의 역설Fermi's paradox'이라고 부른다. 이는 1997년 개봉한 SF영화 〈콘택트Contact〉에 나오는 "이렇게 넓은 우주에 생명체가 우리뿐이라면 엄청난 공간 낭비 아닐까"라는 대사와도 비슷한 관점이라 할 수 있다.

과학자들은 외계 지적 생명체가 고도의 문명을 이뤘을 가능성을 수식으로 따져보기도 했는데, 이 가운데 드레이크 방정식에 따르면 외계의 고등문명 수는 최소 1개(지구)에서 많게는 1만 개에 이른다. 미국 천문학자 프랭크 드레이크Frank Drake가 1961년에 처음 제시한 이 방정식은 1년 동안 우리 은하에서 탄생하는 별의 수, 별에 행성이 있을 확률, 행성에서 생명체가 탄생할 확률, 생명체가 지적 문명으로 진화할 확률, 그 문명이 우리에게 신호를 보낼 정도로 발전할 확률, 이 조건들을 만족하는 지적 문명이 존재할 수 있는 시간 등으로 구성된 계산식이다. 2019년 영국 노팅엄대학 연구진이 변형된 드레이크 방정식을 이용해 통신이 가능한 외계문명의 수를 추산한 결과 최소치가 36개인 것으로 나타났다. 아주 많은 수도 아니지만, 복수의 외계 문명이 존재할 가능성이 있음을 보여주기에는 충분한 결과이다.

기후변화 정도로 따져본 외계인을 만날 가능성

이런 가능성에도 불구하고, 페르미의 질문처럼 우리가 외계인을 만나지 못하는 이유를 일부 과학자들은 기후변화 때문이라 설명하기도 한다. 지구 외의 우주 어딘가에 있는 다른 행성에서도 외계인들이 문명을 이뤘다고 가정해보자. 그들이 우리를 만나러 오려면 항성 간 비행이 가능한 과학기술력을 갖춰야 한다. 빛의 속도로도 수십~수백 년, 또는 수천~수만 년이 걸리는 거리를 이동해 와야만 그들과 우리가 만날 수 있는 것이다.

인류가 쏘아올린 우주선들이 아직 태양계의 경계조차 벗어나지 못하고 있다는 점을 감안하면, 외계 문명의 과학 발전 정도가 현재 인류가 이룬 것보다 월등히 뛰어나야만 다른 행성계까지 넘어갈 수 있을 것이라는 추정이 가능하다.

문제는 이런 기술적 장애를 극복하기 전, 즉 항성 간 비행을 할 수 있는 단계까지 기술적 진보를 이루기 전 문명이 스스로 멸망해버릴 가능성이 있다는 것이다. 지구에서 문명을 이룬 지 불과 수천 년 만에 기후변화로 인해 스스로 위기를 자초하고 있는 우리 인류처럼 말이다. 인류가 기후변화라는 최대 위기를 슬기롭게 극복한다면 태양계를 넘어 다른 행성계로 진출할 수도 있겠지만, 이 위기를 극복하지 못한다면 외계인을 만날 기회를 얻지 못할 수도 있다.

미국 로체스터대학의 천체물리학자 애덤 프랭크Adam Frank 교수 등 연구진이 2018년 국제학술지《우주생물학Astrobiology》에 실은 논문에도 각각의 문명이 지닌 태생적 한계로 인해 외계인을 만나기 어렵다는 내용이 실렸다. 논문은 발달한 문명들이 행성의 자원을 소비하면서 겪게 되는 길을 4개의 수학적 모델로 제시하고 있다.

A~D까지 네 개의 행성을 예로 들어보자. 첫 번째는 '소멸 모델'이다. A 행성은 인구가 급속도로 증가하면서 행성의 평균온도도 급격히 상승하는 경우다. 인구가 정점에 이르면서 행성의 온도 역시 생명체가 생존하기 어려운 상태가 되고, 그 결과는 인구가 30% 정도까지 급감하는 파국이다. 해당 문명은 기존의 발달 수준을 유지하기 어려운 상태에 처하고 만다.

두 번째는 '연착륙 모델'이다. B 행성 역시 인구가 늘어나고 행성 온도도 높아지지만, A 행성과 달리 어느 정도 수준에서 인구가 안정적으로 유지된다. 행성 역시 평형 상태를 찾으면서 해당 행성의 문명은 지속 가능하게 된다. 화석연료처럼 행성에 부정적인 영향을 미치는 에너지원이 아닌 태양에너지 같은 자원을 소비하는 방향으로 전환하는 것이 문명의 유지를 가능하게 한다.

세 번째는 '급속 붕괴 모델 1'이다. C 행성은 A 행성과 비슷하게 인구가 늘어나고 기온이 급상승했다. 그런데 파국의 정도가 더욱 심각했던 탓에 문명이 붕괴한다. 이 과정에서 C 행성의 지적 생명체는 멸종할 수도 있다.

네 번째는 '급속 붕괴 모델 2'이다. D 행성은 B 행성과 비슷하게 에너지원을 태양에너지 등으로 전환하는 노력을 기울였지만 한발 늦은 상황이었다. 행성의 기후변화가 계속되면서 D 행성의 문명은 C 행성과 비슷한 운명을 맞이한다.

네 가지 모델 가운데 지구의 주민들이 걷고 있는 길은 어느 쪽에 가까울까? B 행성이라면 가장 좋겠지만, 유감스럽게도 인류는 A, C, D 가운데 하나의 방향으로 가고 있다. 연구를 이끈 프랭크 교수는 가장 무서운 것으로 마지막 모델, 즉 D 행성의 길을 꼽았다. 인류가 에너지원을 태양, 풍력 등으로 바꾸는 노력을 기울이고 있지만, 지구의 기후변화를 되돌리기에 너무 늦은 상황이라면 인류는 어느 날 갑자기 '급속 붕괴 모델 2'와 같은 운명을 맞을 수도 있다는 것이다.

연구진은 이 같은 4개의 모델을 만들기 위해 남태평양의 이스터섬 문명의 종말 사례를 이용했다. 남아메리카 칠레에서 서쪽으로 약 3,500km 떨어져 있으며 모아이 석상으로 유명한 이스터섬의 인구는 1,200~1,500년 최고 1만 명가량에 달했다. 하지만 정점을 찍은 지 200년도 지나지 않아 이 섬의 인구는 2,000명 정도로 급감했다. 섬 주민들이 자원을 모두 써버린 탓이었다.

연구진은 이스터섬이라는 작은 섬의 문명뿐 아니라 행성 단위의 문명들 역시 수천 년 정도 유지된 뒤 기후변화로 인해 무너졌고, 또 무너지고 있을 가능성을 제시했다.

기후변화가 페르미의 역설, 즉 "그들은 어디에 있는 거지?"라는 질문의 해답 중 하나일 수도 있다. 각 행성의 문명들은 기후변화라는 장벽에 부딪히면서 항성 간 비행이 가능할 정도로 충분히 과학을 발달시키지 못했기 때문에 서로 만나지 못할 수도 있는 셈이다. B 행성처럼 연착륙 모델을 찾아낸 문명들은 극히 일부일 것이라는 얘기다.

인류가 앞으로 외계인을 만날 가능성은 B 행성의 길을 택할지, D 행성의 길을 택할지에 달려 있을지도 모를 일이다.

먼 미래에 외계 문명을 만날 가능성은
우리가 기후위기를 어떻게 극복하느냐에
달려 있을 것이다.

아직
희망은 있다

평소 기후위기나 플라스틱 오염 문제에 대한 강연을 자주 다닌다. 초·중·고등학생부터 대학생, 어른에 이르기까지 다양한 연령대를 대상으로 현재 한국 사회가, 인류가 맞고 있는 기후위기와 플라스틱 오염 문제의 심각성을 얘기하다 보면 가끔 듣게 되는 질문이 있다. "이미 늦은 것은 아닐까요? 인류에게 희망은 없는 걸까요?" 특히 어른들보다 환경의 중요성을 지식을 통해, 날카로운 감각을 통해 잘 알고 있는 청소년들로부터 이런 질문이 나온다. '인류의 희망'이라고 할 만한, 이토록 눈이 밝은 청소년들에게 판도라의 상자 속에 숨겨둔 것을 꺼내듯 조심스럽게 들려주곤 하는 이야기가 있다. 강연의 마지막 내용이기도 한 이

주제는 지구 성층권의 오존층 이야기이다.

1985년 전 세계는 남극 하늘에 구멍이 뚫렸다는 충격적인 소식을 들었다. 남극 상공 성층권의 오존이 줄어들면서 오존층에 구멍이 생겼고, 태양으로부터 오는 자외선이 지표에 도달하는 양이 급증했다는 내용이었다. 고도 10~50km의 성층권 중 20~30km에 분포해 있는 오존층은 자외선으로부터 지상의 생물들을 보호하는 역할을 한다. 당시 남극의 오존구멍을 학계에 보고한 사람은 영국 과학자 조셉 파먼Joseph Farman이다. 영국 일간지 《인디펜던트》는 그가 1985년 《네이처》에 발표한 논문에 대해 "20세기의 가장 중요한 과학적·환경적 발견"이라고 평가했다. 오존구멍은 극지방 상공 성층권 내의 오존층에서 오존양이 급격히 감소한 영역을 말한다.

오존은 산소 원자 3개로 이뤄진 기체다. 지상 20~25km 상공의 성층권에 형성돼 있는 오존층은 태양으로부터 오는 자외선을 차단해 생태계를 보호하는 역할을 한다. 오존층이 감소하고, 지표에 도달하는 자외선이 늘어나면 피부암, 백내장 등의 발병률이 높아진다. 미국 환경보호청의 연구 결과 오존이 1% 감소하면 백내장 환자가 최대 0.6% 증가하는 것으로 나타났다. 성층권의 오존은 자외선을 막는 우산 구실을 하지만 지표에서 오존은 건강에 해를 끼치는 물질이 된다. 높은 농도의 오존에 노출되면 호흡기와 눈이 자극을 받아 염증이 생길 수 있고, 시력 저하와 호흡 장애도 일어날 수 있다. 지표의 오존은 자동차, 화학공정, 석유 정제, 도로포장, 도장산업, 세탁소, 주유소 등에서 주로 배출되며 식물에서도 자연 배출된다.

오존층 파괴의 원인 물질로는 1985년 당시 냉장고와 에어컨, 헤어스프레이 등에 널리 사용되던 냉매인 염화불화탄소(프레온) CFC가 지목됐다. 자외선과 염화불화탄소가 만나 발생하는 광화학 반응으로 염화불화탄소가 분해되면서 염소 원자가 생기고, 이 염소 원자가 오존 분자를 분해시키면서 오존층이 파괴되는 것이다. 염소 원자 하나는 오존과 반응한 뒤 원상태로 돌아와 다른 오존 분자들을 산소 원자로 분해시킨다. 염소 원자 1개는 오존 분자 10만 개를 파괴한다.

오존구멍을 막기 위한 각고의 노력

충격을 받은 국제사회는 발 빠르게 움직여 2년 뒤인 1987년 '몬트리올 의정서'를 채택해 염화불화탄소 생산을 금지하기에 이른다. '몬트리올 의정서' 체결을 통한 오존층 회복 노력은 국제사회가 전 지구적인 환경 재앙에 신속하게 대응하고 성공한 대표적인 사례로 꼽힌다. '몬트리올 의정서'에는 세계 197개국이 가입했으며 한국은 1992년 2월 가입했다. UN환경계획UNEP 에릭 솔하임Erik Solheim 사무총장은 "'몬트리올 의정서'는 역사상 성공적인 국제협약 중 하나"라고 말하기도 했다.

이처럼 전례 없는 국제사회 전체의 환경 보존을 위한, 실은 인류 생존을 위한 노력 덕분에 극지방의 오존구멍은 점진적으로 회복되고 있다. 세계기상기구WMO는 2018년 11월 남극과 북극의 오존구멍이 2060년쯤에는 완전히 복원될 것이라는 희망적인 전망을 내놓았다. 오존구멍이 2000년대 들어 회복되고 있으며 속도가 느리긴 하지만 약 40년 뒤에는 완전히 회복될 수도 있다는 것이다. 북반구와 중위도의 오존구멍은 이보다 빠른 2050년쯤이면 완전히 복원될 것으로 예상했다.

2018년 1월에는 미국 항공우주국NASA이 남극의 오존구멍이 2005년보다 20% 줄었다는 관측 결과를 국제학술지 《지구물리학 연구 회보Geophysical Research Letters》에 발표했다. 남반구에서 겨울철마다 인공위성으로 남극 오존구멍 인근의 화학 조성을 관측한 결과였다. NASA에 따르면 남극의 오존구멍 면적은 2006년 역대 최대치인 약 2,600만km²를 기록했으나 2016년에는 약 2,300만km²까지 줄어들었고, 2017년 9월에는 1,958만km²까지 감소했다. 남극 상공 성층권의 염화불화탄소 기체와 염소 원자의 농도 역시 매년 0.8%가량 줄어들고 있는 것으로 나타났다.

그리고 2023년 1월에는 UN 산하 기구를 포함한 국제 연구진이 오존층 회복 속도가 한층 더 빨라졌다는 연구 결과를 내놨다. 그간 손상된 오존층이 2040년까지 대부분 회복될 것이라는 결과를 도출한 공동 연구에 참여한 기관은 세계기상기구WMO, UN환경계획UNEP, 미국 국립해양대기청NOAA, 미국 항공우주국NASA 등이었다. 이 같은 내용이 담긴 보고서는 〈오존층 감소에 대한 과학적 평가: 2022〉로, 총 30개국에서 과학자 230명이 참여했다.

보고서에는 오존층 파괴 물질ODS, Ozone Depleting Substances의 99%가 지구상에서 단계적으로 사라진 것으로 나타났다. 과학자들은 현재 추세대로라면 지구 대부분의 지역에서 2040년까지 오존층이 1980년 수준으로 회복될 것이라는 관측을 내놨다. 오존층 손상이 비교적 컸던 북극은 2045년쯤, 가장 심했던 남극은 2066년쯤 오존층이 회복될 것이라 예상했다.

남아 있는 오존층 파괴의 위협

오존층 회복에 대해 밝은 전망만 존재하는 것은 아니다. 최근 학계에서는 염화불화탄소 외에도 오존층을 파괴하는 것으로 알려진 물질의 배출량이 빠르게 증가하고 염화불화탄소의 불법 배출도 늘어나고 있다는 분석이 나오고 있다. 미국 매사추세츠공과대학MIT 연구진은 2018년 12월 20일 국제학술지《네이처 지오사이언스》에 클로로포름이라는 새로운 위협 물질이 대두되면서 오존층의 회복이 늦어질 수 있다는 논문을 발표했다. 클로로포름의 배출량이 계속해서 늘어날 경우 오존층이 회복되기까지 걸리는 시간은 4~8년가량 늦춰질 것으로 예상된다. 클로로포름은 무색의 달콤한 향이 나는 물질로 냉매나 프라이팬에 도포하는 테플론 등을 만들 때 사용하는 물질이다. MIT 대기과학과 로널드 프린Ronald Prinn 교수는 "오존층 회복은 사람들이 바라는 만큼 빠르지 않으며 이번 연구는 클로로포름이 이를 더욱 느리게 만들 것이라는 점을 보여준다"고 설명했다.

배출된 뒤 50~100년가량 대기 중에 남아 있을 것으로 추정되는 염화불화탄소에 비해 클로로포름은 5개월 정도만 대기 중에 남아 있는 '매우 짧은 수명의 물질'로 꼽힌다. 이로 인해 과거에는 이 물질이 오존층에 미치는 위협이 크지 않다고 판단해 '몬트리올 의정서'에서도 사용 금지 물질로 규정하지 않았다. 그러나 프린 교수는 "대기 중에 남아 오존층을 파괴하던 물질들이 줄어드는 상황에서는 클로로포름처럼 대기 중에서 짧게 존재하는 물질들이 오존층 회복을 느리게 할 수 있다"고 지적했다.

연구진은 미국, 유럽, 아시아, 호주 등 13곳의 관측지점에 약 9m 높이에서 하루 20차례 공기를 채취하는 장치를 설치하고, 50종류의 오존층 파괴물질과 온실가스 등의 농도를 관측했다. 2010~2015년 클로로포름 농도가 크게 높아졌음을 관측하는 동시에 북반구의 농도가 남반구의 3배가량에 달한다는 것을 확인했다. 이를 통해 연구진은 북반구에 클로로포름의 배출원이 집중돼 있다는 사실을 알아냈다. 2000~2010년 전 세계의 클로로포름 배출량은 연간 약 270kt(킬로톤)이었으나 2010년 이후부터는 연간 약 324kt으로 늘어났다.

연구진은 미국, 유럽, 호주 등에서 증가한 클로로포름 배출량은 미미한 수준이었으나 중국의 동쪽에 위치한 한국 제주도 수월봉 인근의 고산과 일본 오키나와 최남단의 하테루마섬의 관측소에서는 폭발적인 증가세를 보였다고 설명했다. 이를 통해 중국 동부에서 배출되는 클로로포름 양이 전 세계 배출량의 대부분을 차지한다는 결론을 내렸다. MIT 박사후과정으로 논문의 대표저자인 후에쿤 팡은 "중국 주요 클로로포름 생산공장과 산업화된 지역들이 클로로포름 배출량이 많은 지점들과 공간적으로 밀접한 관련이 있다는 점을 확인했다"고 설명했다. 이 연구는 MIT와 NASA, 한국연구재단 등의 후원으로 수행됐으며 한국, 일본, 영국, 호주 등 국가의 연구진도 국제 공동연구에 참여했다.

오존층 회복의 여정은 끝나지 않았다

동아시아에서 주로 배출되는 화학물질로 인해 오존층 파괴가 우려된다는 과학계의 지적은 이번이 처음은 아니다. 미국 브리스틀대학 연구진은 오존층 파괴물질 중 하나인 사염화탄소 배출량의 절반 이상이 중국 동부에서 나오는 것으로 추정된다는 논문을 2018년 7월 국제학술지 《지구물리학 연구 회보》에 발표한 바 있다. 연구진은 한반도 주변에서 사염화탄소의 대기 중 흐름을 분석해 이 같은 결과를 얻었다. 사염화탄소 역시 오존층 파괴물질로 지목돼 2010년부터 사용은 물론 생산도 금지됐다. 학계에서는 중국과 더불어 인도, 남아메리카 등도 이 물질의 주요 배출지역으로 꼽고 있다.

2018년 6월에는 국제사회가 꾸준히 저감 노력을 기울여온 염화불화탄소의 대기 중 농도가 크게 늘어나는 일도 발생했다. 《뉴욕타임스》 보도에 따르면 중국 산둥성 싱푸 지역의 공장들에서 염화불화탄소를 사용 및 생산하고 있는 것으로 확인됐다. 세계기상기구 역시 2018년 11월 오존층 회복 전망을 내놓으면서 동아시아 지역에서 염화불화탄소 가운데 삼염화불화탄소CFC11의 불법적인 배출량이 증가하고 있다는 점에 우려를 표하기도 했다. 삼염화불화탄소는 '몬트리올 의정서'에 의해 사용이 금지된 오존 파괴 화학물질 중 하나다.

MIT 연구진은 클로로포름에 대한 연구 결과가 인류의 오존층 회복을 향한 여정이 아직 끝나지 않았음을 알리는 경고라고 강조했다. 오존층 회복을 늦출 수 있는 클로로포름 같은 물질들에 대한 새로운 규제가 필요하다는 것이다. 프린 교수는 "클로로포름 등에 대한 국제적인 규제가 만들어지지 않을 경우 이 물질을 사용하는 공장이 점점 증가할 것"이라고 우려했다. 그는 "염화불화탄소의 경우도 냉매 외에 다양한 활용처가 생기면서 공장이 늘어났었다"며 "클로로포름 역시 다양한 활용 방법이 나타날 것"이라고 지적했다.

성과와 위협이 상존할 인류의 미래

오존층 파괴로 인류 일부와 생태계가 피해를 입은 상황에서 인류 전체의 노력으로 오존층이 회복되긴 했지만, 염화불화탄소와 클로로포름이 여전히 인류의 미래를 위협하고 있다는 현실은 기후위기 시대를 살고 있는 우리에게 같은 일이 반복될 수 있음을 알려준다. 지구 전체에서 시기가 빠르든 늦든, 기후위기는 이전에 없었던 재난을 일으킬 것이고, 또 일으키고 있다. 그런 상황에서 현재 인류의 기후위기 대응은—'완화'와 '적응'을 모두 포함해서—너무 느리고, 부족해 보인다.

인류 전체를 위협할 재난이 더 자주 일어나고, 더 큰 피해를 입힐 때 인류는 결국 전시 동원 체제에 준하는 '기후위기 동원 체제'를 가동할 수밖에 없게 될 것이다. 장밋빛 전망일지는 모르겠지만 그렇게라도 대책이 시행됐을 때, 인류 전체의 노력은 오존층 회복 사례에서 본 바와 같이 예상보다 더 빠른 성과를 가져올 수도 있을 것이다.

그러나 기후위기 극복을 위한 성과가 가시적으로 드러날 수십 년 후의 미래가 어쩌면 지금보다 더 큰 위기 상황일 수도 있다. 오존층이 회복되고 있다는 반가운 소식이 들려오는 와중에도 위협이 상존하는 것처럼, 전 인류의 노력으로 탄소중립을 이루고 기후변화의 방향이 조금씩 달라진다 해도 본질적으로 위기에서 벗어나는 것은 아닐 것이기 때문이다. 너무 이른 얘기인지는 모르겠지만, 수십 년 후를 향한 이 작은 외침이, 조용한 경고가 오늘의 인류와 미래 세대에게 닿기를 간절히 바란다.

종말로 치닫는 인간에게 주어진 마지막 기회

2030 기후적응 시대가 온다

1판 1쇄 인쇄 2024년 5월 22일
1판 1쇄 발행 2024년 5월 29일

지은이 김기범
펴낸이 고병욱

기획편집1실장 윤현주 **책임편집** 김경수 **기획편집** 한희진
마케팅 이일권 함석영 황혜리 복다은
디자인 공희 백은주 **제작** 김기창 **관리** 주동은 **총무** 노재경 송민진 서대원

펴낸곳 청림출판(주)
등록 제2023-000081호

본사 04799 서울시 성동구 아차산로17길 49 1009, 1010호 청림출판(주)
제2사옥 10881 경기도 파주시 회동길 173 청림아트스페이스
전화 02-546-4341 **팩스** 02-546-8053

홈페이지 www.chungrim.com **이메일** cr2@chungrim.com
인스타그램 @chungrimbooks **블로그** blog.naver.com/chungrimpub
페이스북 www.facebook.com/chungrimpub

ⓒ 김기범, 2024

ISBN 979-11-5540-233-7 03300